JN269499

「結果を出す人」がやっている

戦略思考トレーニング88

芝浦工大大学院客員教授・経営コンサルタント
西村克己
KATSUMI NISHIMURA

Gakken

はじめに

日本では、戦略と戦術を区別できない人が非常に多いようです。

戦略とは、「目的は何か」を考え、進むべき方向を決めるプロセスのことです。一方で、戦術は今までの延長線上で効率的なやり方を模索するプロセスを指します。

日本企業はかつて「卓越した戦術」によって利益をあげてきました。なぜなら、世界の工場という地位を確立していたからです。工場をより効率的に動かせば、その分利益も高まることが約束されていたのです。今や、世界の工場の地位は、中国をはじめとするアジア諸国に奪われています。

戦略は頭脳、戦術は手足とたとえることができます。日本企業は近年、戦術である手足を駆使すること、とりわけ長時間残業と滅私奉公の汗をかくことで、何とか利益を確保してきました。しかし、いつまでもこうした無理が続くとは思えません。必要なのは頭脳、つまり戦略です。

すでに日本企業は、戦術では勝てない時代を迎えています。戦略の重要性を自覚し、戦略によって競争優位を確立することが、日本企業が生き残るための唯一の道といえるでしょう。

戦略思考は、企業の経営トップだけではなく、すべてのビジネスパーソンに不可欠となっています。

戦術優位の時代では、上司の指示のもと、これまでのやり方の中から改善策を見つけ出すのが優秀な社員とされてきました。しかし、これからの時代は一人ひとりの社員が戦略思考を持って行動し、時代の変化に対応し、競争力のある会社に変革する力を発揮することが求められています。

こうした戦略思考を持つ人だけが、できるビジネスパーソンとして生き残っていける時代なのです。

本書は、戦略とは何かを理解し、自分の仕事に応用するための本です。リアルなケーススタディができるように、最新の事例を問題形式でご紹介しました。

戦略の重要性を知り、身の回りで起きていることを、戦略的に判断できるようになってください。確実にあなたの仕事の世界が広がるのが実感できるはずです。

西村克己

CONTENTS

第３章
徹底した差別化で「ブランド」を手に入れる

CONTENTS

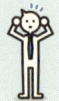

第５章
シナジー（相乗効果）を活用して成功率を高める

第６章
多角化の定石を知り、今ある資源を活用せよ

CONTENTS

第７章
マーケティングで売れる仕組みを作れ

第８章
イノベーション戦略で強い企業に生まれ変わる

CONTENTS

第９章
ローコスト戦略でデフレ経済に立ち向かえ

第１０章
新たなビジネスを創造する情報戦略

第1章

戦略の本質を見極める9の方法

01

戦略に「前例」はありえない

意思決定に「過去の事例」を持ち出すカコダ専務

問題

マエダ社長とカコダ専務は非常に対照的です。マエダ社長は発想力があり、論理的で意思決定も早いタイプ。一方カコダ専務は、何かを意思決定するとき、いつも過去の事例を持ち出すのです。

たとえば、「そのような話は、過去にどうしたかな。たしか、9年前に上手くいかなかったから、今回は中止にしよう」という具合です。逆に、過去に上手くいっていれば、無条件に承認が下ります。

部長たちが困るのは、社長に直接相談したいのに、専務がそれを許さないことです。専務の了解が出て社長に相談したら、「そんなつまらない提案を持ってくるな」と怒られます。しかし、社長が気に入りそうな革新的な提案は、専務に却下されるのです。

回答　社長、専務、提案者の三者会議を行う

社長や会長以外には、この体制を変えられる人はいないかもしれません。とはいえ、少なくとも専務の了解を得てから社長に相談ではなく、三者会談（この場合は社長、専務、提案者で会談）にすべきでしょう。

専務は、外部環境（市場や業界の動向など）の変化に無頓着すぎるようです。前例が通用するのは、外部環境が変化していない場合に限られます。

外部環境の変化が速い今日では、過去の例にとらわれていては、正しい意思決定ができません。

解説　戦略を立てて変化に対応する

◆前例が有効なとき、無効なとき

過去に前例があれば承認、前例がなければ却下という価値観の会社も少なくありません。しかし、前例がいい結果を生む場合は、次の2つの条件が揃った

ときです。

１つめは、外部環境がまったく変化していない場合です。２つめは、その前例が優れた結果をもたらしたときです。この２つが揃ったときに、前例通りやればいい結果を生みます。

しかし､実は１つの死角があります。それは内部要因です。担当者の能力が、前例時の能力より劣る場合は、必ずしもいい結果になりません。

こう考えてみると、前例に頼ることがいかに無意味かがわかります。外部環境の変化は、日々刻々と起きているのですから、前例は参考になりません。

◆外部環境の変化に適合した戦略が必要

外部環境は変化しているという認識に立つべきです。たとえばデジタルカメラが普及しているにもかかわらず、写真フイルムを売ろうとしても困難なのは目に見えています。外部環境の変化を把握し、今後の動向を予測します。そして、外部環境の変化に即した戦略立案が必要です。

ただし、３年は持ちこたえる戦略でなければいけません。したがって、外部環境の変化の予測は、３年先まで行います。また毎年１回、根本から見直すことで、予測が外れた部分を修正しながら対応していきます。

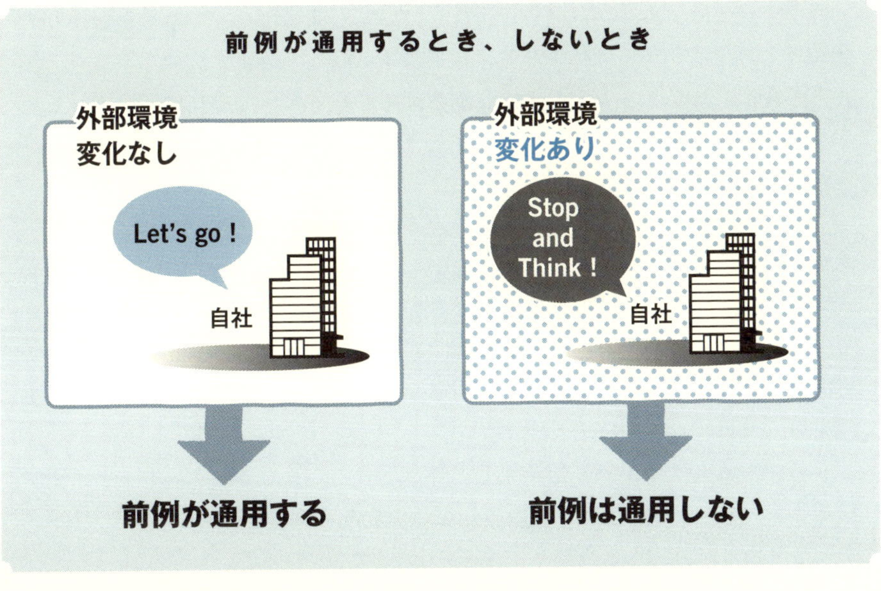

02 戦略と戦術の違いとは

薄型テレビを作っても利益が出ないガンバ電機

問題

ガンバ電機はテレビを作って30年、地上波デジタルの恩恵を受けて売上を伸ばしてきました。薄型テレビの研究開発投資、そして工場への大規模投資を行うなど、昨年までは順調でした。しかし、今年は販売数量が伸びてはいるものの、安売り競争で赤字に転落しました。

国内での価格競争により、売価が1インチ2000円を下回ってきたのです。数年前は1インチ1万円だったので、激安状態です。また、海外市場ではサムスン、ＬＧ、ハイアールによる低価格攻勢で、1インチ1000円の攻防です。売れば売るほど赤字です。

回答　顧客に差別化が伝わる製品を一番乗りで開発する

薄型テレビは、各社が高品質を実現していて、顧客にとっては差がわかりません。今の薄型テレビは、単なるコスト競争に陥っています。

たとえば、有機ＥＬ方式のような別方式で、超省エネで超高画質のテレビを一番乗りで製品化できれば、差別化ができて高価格で売れるかもしれません。

解説　戦略と戦術を区別することが第一歩

◆いかに優れた戦術も戦略には勝てない

戦略とは、何をすれば儲かるのかを考え、進むべき方向とシナリオを組み立てていくことを意味します。そのため、目的（What）に戻って、そもそもから考えていきます。場合によっては、赤字のたれ流しを食い止めるために、撤退という選択肢も視野に入れます。

一方で、戦術は今までの延長線上で努力していく考え方です。もっと効率的にできないか、もっと精度を高められないかを考えます。戦術は、手段（How）をどうするかに注力します。

戦術は戦争にたとえるなら武器に相当します。武器は、敵国から奪うことができます。敵国から武器をどうやって奪うか、または武器を無力化することを考えるのは戦略です。いかに優れた戦術も戦略には勝てないといわれています。現在の低価格競争を根本的に変える一手が必要です。

◆オペレーショナル思考だけでは未来の成功はない

戦略を中心に考えることを戦略思考、戦術を中心に考えることをオペレーショナル思考といいます。

戦略思考は、長期的な見方をします。また、大きく重要な問題に注意を絞ります。未来のリスクに注意を向け、可能性を広げるために複数の代替案も含めた中から選択します。

一方、オペレーショナル思考は、短期的な見方に終始します。また、細部に気を配りすぎて全体が見えなくなります。未来のリスクを無視し、今までの延長線上で考えます。

画期的な成果を目指すなら、先に戦略思考をして進むべき道を決め、オペレーショナル思考で効率的に進めるのが賢明です。

２つのマネジメントスタイル

戦略的マネジメント	オペレーショナル・マネジメント
【What（目的思考）】 **進むべき方向を決める** ◎そもそも何をすれば儲かるのか ◎決定のプロセスを重視する	**【How（手段思考）】** **決められた道を効率的に進む** ◎今までの延長線上でのコストダウン ◎やり方の改善
◎長期的なものの見方をする ◎大きく、重要な問題に注意を絞る ◎未来の不確実性に注意を向ける ◎複数の代替案も含めた中から選択	◎短期的な結果に集中する ◎細部に徹底的に気を配る ◎未来の不確実性を無視する ◎今までの延長線上で考える

03 バブル経済の失敗点とは

土地を買いあさったが売れなくなったアサリ不動産

問題

2000年に入って日本も景気がよくなり、2005年ごろには不動産の値上がりが始まりました。そのときアサリ不動産は景気拡大を見越して、土地を買いあさりました。銀行の融資も甘くなっていたので、坪単価が高くても買えるだけ土地を買ったのです。

しかし、米国のサブプライムローンの破たんで、日本の不動産価格も下落、アサリ不動産の資金繰りも悪化しました。土地にマンションを建てて売ろうとした矢先、目論んだ価格ではとうてい売れない状況になったのです。

回答 身の丈に合った経営を目指せ

景気がいいからといって、実力以上の勝負をすると、景気が悪化した瞬間から経営が行き詰まってしまいます。このアサリ不動産の例は、実際に日本の多くの中堅不動産会社が陥った状況です。

サブプライムローンの破たん後、多くの中堅不動産会社が経営破たんしました。要するに高値買いと借金のしすぎです。

景気がよくて高値で売れている場合は上手くいっても、景気が悪化した瞬間から売れない不動産が資金繰りを悪化させてしまうのです。

解説 経営者はまず経営資源の配分を考えるべき

◆「経営資源は無限」の落とし穴

1990年代前半のバブル経済時には、成長神話によって人、モノ、金、情報といった経営資源が無限と考えられるようになりました。「ジャパン・アズ・ナンバーワン」といわれ、日本経済は膨張し始めました。

投資したら利益が出て、銀行がどんどんお金を貸しました。そして、大手企業を中心に2〜3倍の新入社員を雇用して人手不足を乗り切ろうとしたのです。

しかし日銀の金融引き締めにより、貸出金利が８％近くになりました。その結果、ローンで不動産を買えなくなり、不動産価格は大暴落してバブル崩壊となったのです。

米国のサブプライムローンの破たんも同様です。返済能力がない人たちにまでお金を貸したため返済が滞り、金融の信用不安、信用収縮が起きました。米国の不動産価格と債権価格は暴落し、資金回収不能になった人も続出しました。

◆限られた経営資源を前提に投資対効果を考える

経営資源は有限であることを大前提に考えるべきです。資金がもっとあればとか、人がもっとたくさんいれば何とかなるのにというのは、単なる言い訳です。**人、モノ、金、情報という限られた資源を使って、投資対効果の最大化を考えることが経営者の仕事です。**

資金が足りないといっても、簡単に調達できるわけではありません。また人が足りないといっても、簡単に社員を増やせません。社員を増やせば、仕事に習熟するまでに時間がかかるほか、容易に解雇できません。人材採用は、20～30年にわたる長期的な意思決定として行うべきです。

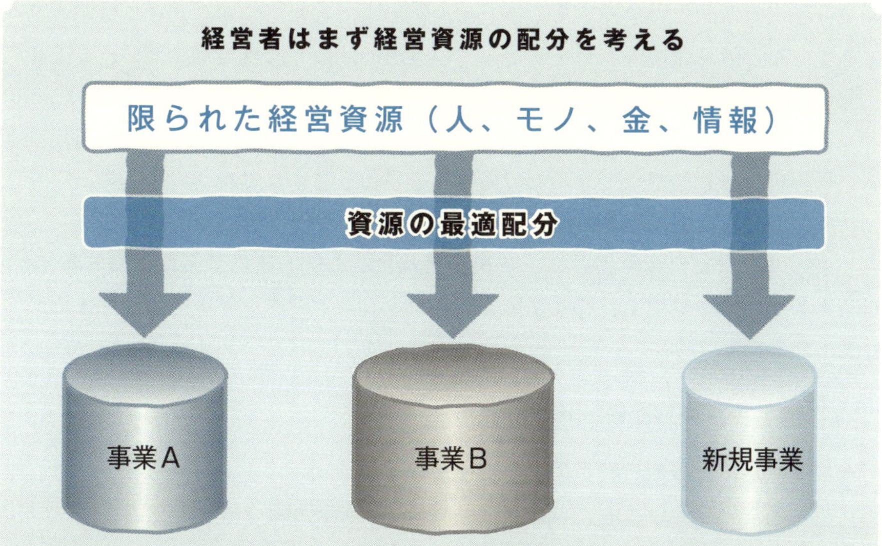

04

経営資源の集中

新聞広告か、ネット広告か、悩むカミダ広告社

問題

新聞広告に強いカミダ広告社は悩んでいます。ネット広告事業に進出するかどうかで、社内の意見は２分されているのです。

創業時代からの役員たちは、新聞広告の死守を主張しています。彼らはネットに強い人材が社内にいない、そしてネット広告はブームにすぎないと主張します。

一方若手役員は、ネット広告事業を早期に立ち上げるべきだと主張しています。すでに出遅れており、広告業界で生き残るには、早期にやらなければ手遅れになるというのです。

回答　既存分野を守りながらネット広告事業に進出すべき

今までの新聞広告を死守することは大切です。しかし、守りだけでは成長できません。外部環境の変化を利用して、逆風ではなく順風に変えていくことが大切です。

大切なのは、攻めと守りのバランスです。

新聞広告の事業部はできるだけ効率化を目指します。効率化によってムダを排除しながら、人員と経費を削減します。

余った人員と資金を使って、新規事業としてネット広告事業に進出します。外部の専門家を登用し、必要に応じてアウトソーシングを積極的に活用する必要もあるでしょう。

解説　成長分野に経営資源を集中させる

◆成長戦略には新規分野へのアプローチが必須

外部環境の変化により、産業の成長分野にも変化が起きます。縮小していく市場もあれば、これから伸びていく市場もあります。

企業が継続的に成長していくためには、成長分野を探索し、継続的に「攻め」の先行投資をしていく必要があります。

一方、既存分野において、現時点では競合より優れていても、競合もさらに開発投資や生産投資をしてきます。したがって、競合に対して優位な地位を獲得するための「守り」の先行投資も必要です。

◆外部環境の変化が変革のチャンス！

外部環境の変化は、まさに成長分野への先行投資のチャンスです。

かつてヤマト運輸が、ドア・トゥ・ドアで宅配便を始めたとき、それに乗じてセシールやニッセンはカタログ通販で一気に成長しました。

そしてインターネットの登場を利用して伸びたのが、楽天やアマゾンでした。いずれも、成長分野にいち早く着目して投資したことで成功を収めた好例といえます。

インターネットの登場で、ネット広告の新規事業やベンチャーも急増しました。また規制緩和も、成長分野への先行投資のチャンスです。どこにどう経営資源を配分するかは、経営層が最初に考えるべき投資戦略です。

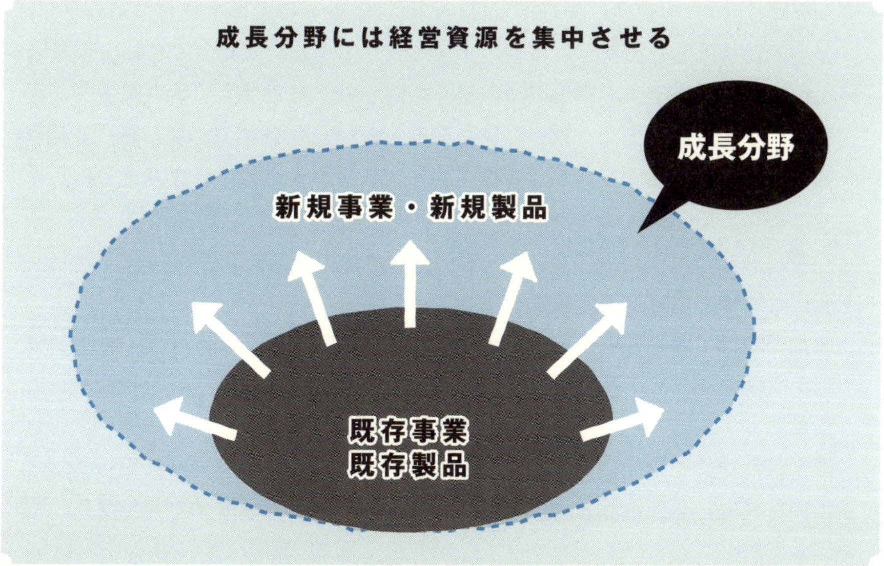

05 成長戦略のあるべき姿

7事業のうち、赤字事業が2つもあるアカギ商事

問題

アカギ商事は総合商社として、創業80年を迎えます。しかし、ここ数年、7事業のうち、2つの事業が赤字続きです。その結果、全体では黒字でも、利益率が0.1%を切っています。

赤字事業の役員は、「3年待てば黒字にしてみせる」と主張します。しかしその言葉は2年前からいっています。本当なら1年後に黒字にすべきですが、いつまでたっても3年待てというのです。他の事業部は赤字がさらに拡大するのではと懸念しています。

回答　赤字のたれ流しを防ぎ、勝ち組事業に再投資する

負けが込んでいる事業の復活が難しい時代です。負け組企業が先行投資に出遅れる間に、勝ち組企業は先行投資、コスト低減、顧客の獲得をさらに進めます。

赤字のたれ流しを放置してはいけません。赤字を食い止めるために、事業の縮小か撤退が必要です。赤字のたれ流しを防いで、資金と人を勝ち組事業に再投資していきます。また、将来の成長分野への投資も不可欠です。商社は総合商社から、自社の強みを活かせる専門商社へと移行する時代になりました。

解説　撤退戦略も重要な成長戦略

◆撤退と新規の新陳代謝を継続する

成長戦略は、成長分野への投資と、既存強化だけではありません。衰退分野の縮小や撤退も考えます。撤退と新規のワンセットで、新陳代謝を継続することが重要です。

限られた経営資源で投資対効果を最大化するためには、衰退分野から人材と赤字のたれ流しを回収します。そして、既存と新規に再投資するのです。

◆赤字事業は撤退を視野に入れる

2012年に写真フイルムで有名なコダックが経営破綻しました。一方、同業の富士フイルムは黒字経営です。その違いはどこにあるのでしょうか。

実は、富士フイルムは断続的に3回以上のリストラを断行しています。縮小撤退分野を明確化したのです。そして、その一方で富山化学を買収して医薬品事業に進出しました。今まで蓄えた巨額のキャッシュを武器に、化粧品事業にも進出しています。リストラの一方で、雇用を生み出しています。

本来の成長戦略は、人材をリストラ領域から既存・新規分野に再配置していくことを前提としています。しかし、リストラのスピードが速すぎて、新規分野への再配置が間に合っていない企業が多いようです。

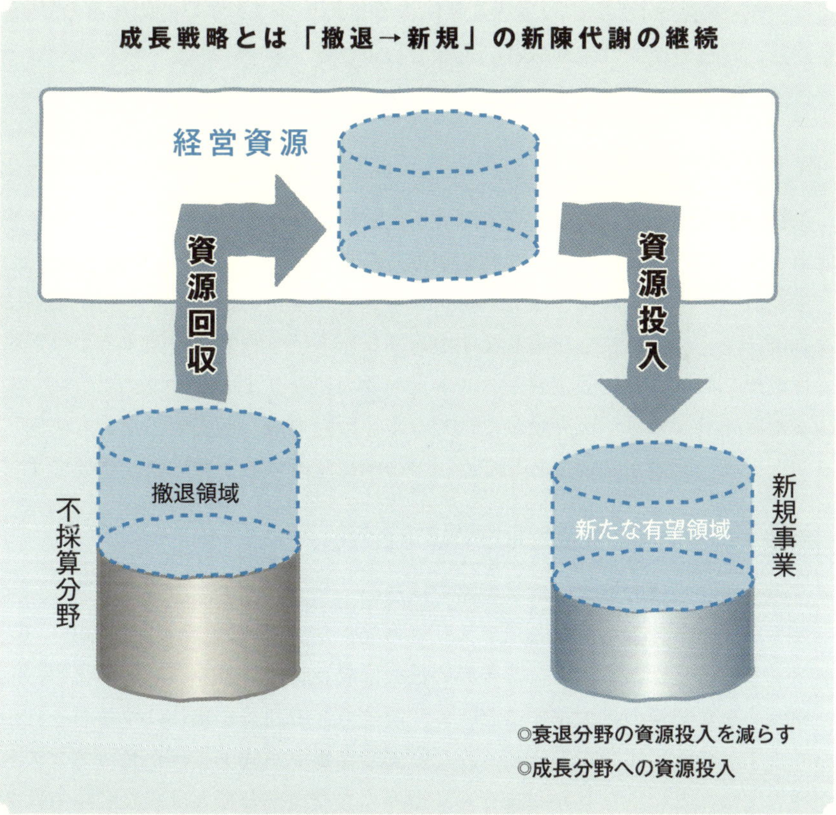

06 規模の拡大と利益の拡大

新工場は建設すべき？ 規模の拡大を迷うキボダ電機

問題

キボダ電機は、国内に新しい工場建設をすべきか否かで悩んでいます。工場を建設すれば生産能力は２倍になり、コストが 10%低減できます。

実は現在、生産量が不足しているわけではありません。生産能力を高めることで、マスメリット、つまり量産効果によるコストダウンが可能になるのです。しかし、利益の拡大は未知数といえるでしょう。

さて、新工場は建設すべきでしょうか？

回答 まずは将来の需要予測と売上・販売計画を立てる

工場建設を問う前に、まず売上計画が大前提になります。売上に見合う生産能力を確保しなければ、適正な利益が得られません。

生産能力が不足すれば、販売チャンスを逃します。しかし生産能力が余剰になれば、かえって利益を圧迫します。ムリな値下げで利益を圧迫するか、工場の稼働率を低下させて固定費がコスト上昇要因になります。

また販売計画では、販売数量だけでなく、販売地域、販売製品なども決定します。工場の建設が必要だとしても、どの国に建設するかの判断が重要です。

解説 利益を伴う成長でなければならない

◆やみくもな規模の拡大は成長戦略ではない

マネジメント理論を構築したアメリカの経営学者・経営思想家であるＰ．Ｆ．ドラッカー博士は、やみくもな規模の拡大は成長戦略ではないといいます。

やみくもな規模の拡大をすると、ムリな値引きで利益を犠牲にするおそれがあります。また、需要を超えるムリな投資で稼働率が低下し、かえってコストが増大することにもなりかねません。やみくもな規模の拡大は成長戦略ではありません。利益を伴う成長でなければならないのです。

◆売上高より利益額を優先する

成長戦略とは、売上高より利益額を優先することです。

2011年度の決算で、日本のテレビメーカーが軒並み大赤字を出しました。パナソニックは、7000億円を超える赤字です。軒並み赤字の原因は大きく２つあるといわれています。

１つめは、韓国のサムスンやＬＧ電子の値下げ攻勢があります。２つめは、生産能力を増やしすぎて、工場稼働率が低下し、コストを押し上げていることが指摘されています。

売上高を上げることは大切ですが、利益額を上げることはもっと重要です。売上高より利益額を優先することを選択するのが成長戦略です。

撤退によって売上が落ちても、それによって全社の利益が増大するのであれば撤退を選択するべきです。

売却によって少しでも現金が回収できれば、新規分野への再投資が可能になります。

なお近年、事業を丸ごと売却する会社も増えています。欧米流の経営が日本に浸透してきた一面といえます。

究極の選択は売上高より利益額

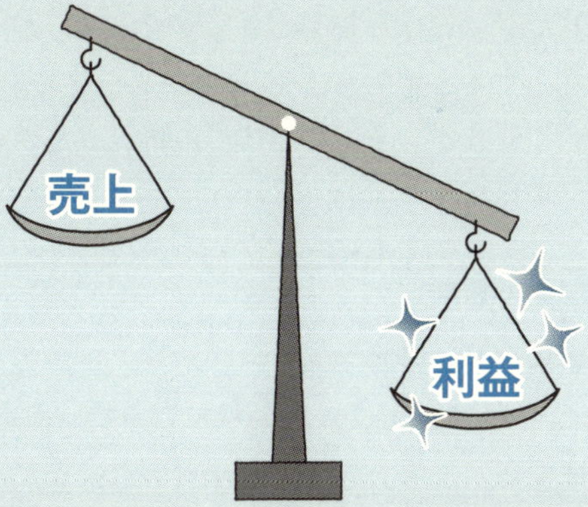

07

新規事業の基本的な考え方

カルタ化学は、未知の領域・ゲーム事業に進出すべきか？

問題

カルタ化学のカルタ社長は、このままでいいのか悩んでいます。というのは、世の中の動きは、ハードからソフトの時代になっていると感じているからです。

このままハードである化学製品を作り続けるのではなく、思い切ってソフト分野の事業に進出したほうがいいのではと考えています。

カルタ社長は２代目、創業者は父です。父と違うことをしたいと、２代目はずっと考えていました。そこで大好きなゲーム事業に進出しようと考えています。本業での限界を感じているし、絶対儲かると確信しています。どうすべきでしょうか？

回答 未知の領域の新規事業には安易に手を出さないこと

あなたが専門外の仕事を急にやれといわれたらどうでしょうか？　たとえば40歳を過ぎてから、まったく経験がないソフト開発をやれといわれても戸惑うでしょう。

会社も人間と同じです。いくら資金があっても、まったくやったことがない分野の新規事業に進出すると苦労します。ゼロスタートで収入につなげるには、時間と先行投資もかかります。未知の領域での新規事業の場合、３年やっても先が見えないことがよくあります。

解説 本業重視は大原則

◆未知の領域での新規事業は苦戦する

新規事業に進出しても知名度があるから大丈夫ではないかという人がいます。しかし、知名度があっても、お客さんが買いたいかどうかは別です。

たとえば、家電メーカーが漬け物を始めたとしたらどうでしょうか。買いたいという人は少ないのではないでしょうか。一方、京都の有名な漬物屋さんが新製品の漬け物を作ったというのはどうでしょうか。どちらか1つを買うとしたら後者でしょう。

王道としては、本業重視が大原則です。自社の得意分野を活かせる事業であれば、競争力が発揮できます。また、今までの取引先やお客さんと上手く付き合える分野では成功のシナリオを描きやすくなります。

◆本業重視が、新規事業を考えるときの基本

ビジネスをばくちにしてはいけません。そのためには、本業重視の新規事業を考えます。まずは自社の本業の分野がどこなのかを考えます。次に、本業を強化するために役立つ本業周辺分野も定義します。

第一優先は本業分野、そして第二優先は本業周辺分野です。本業と無関係な分野は、手を出さないほうが賢明です。

富士フイルムは、「アスタリフト」というブランド名で化粧品分野に進出しました。富士フイルムは花王と同じように、化学メーカーです。花王は化粧品事業に成功しましたが、現時点では富士フイルムと化粧品の組み合わせに違和感がある人も多いのではないでしょうか。

ただし技術的には、浸透力がある化粧品を作り、年齢肌に効果的という声もあります。本業から踏み出すには、時間と先行投資を覚悟する必要があります。

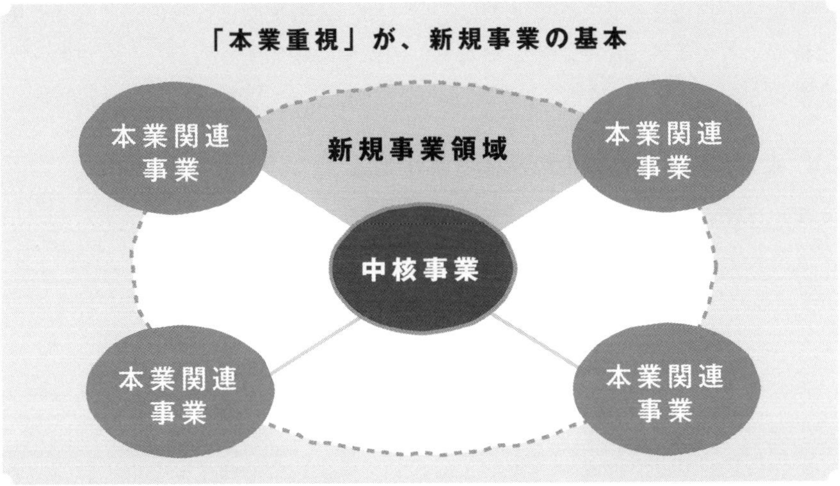

08

S＆B（スクラップ・アンド・ビルド）

「人手が足りない」と口うるさいイヤミ工場長

問題　イヤミ工場長の口癖は、「人手が足りない」です。忙しいなら人を増やすべきというのが彼の考えです。

以前は、イヤミ工場長の希望どおり人を増やしたこともありました。しかし、工場の生産量が増えたわけではありません。そもそも、国内の工場生産量は下降気味で、ベトナム工場の役割が大きくなっています。

さて、本当は何が問題なのでしょうか？

回答　人員配置は売上貢献で考える

売上が右肩上がりの時代には、人手が足りなければ補充すればいいという考え方にも一理ありました。余剰人員を抱えていても、いずれ生産量が増えるから、早めに仕事に慣れさせておいたほうがいいとも考えられたのです。

しかし近年は、今後も需要が拡大するという保証はありません。そのため、余剰人員を抱えるゆとりがなくなっています。**人員配置は仕事の量ではなく売上貢献で考える時代です。忙しいなら、改革や改善で乗り切ることが求められます。**

解説　S＆Bで事業の陳腐化を防止する

◆S＆Bは成長戦略の代名詞

成長戦略を別の言葉で表現したものに、S＆B（スクラップ・アンド・ビルド）があります。不採算分野や衰退分野をスクラップ、そして成長分野をビルドするのです。

S＆Bは対象に大小は関係ありません。大きな対象では、事業レベルのS＆Bがあります。事業の撤退縮小と、新規事業の進出を組み合わせます。

小さい範囲では、商品レベルのS＆Bです。売れない商品を廃番にし、一方で新製品を投入します。

◆全社的にS＆Bを進めたパナソニック

S＆Bを全社レベルで進めた例に、2003年のパナソニックの中村改革があります。中村改革では、「破壊と創造」をスローガンにしました。思い切ったリストラと新しいビジネスモデルの創造を手がけました。そしてV字回復を達成しました。

ビジネスモデルの創造において取り組んだのは、マーケティング機能の強化でした。新製品を発売したら、3週間以内に売上ナンバーワンを達成するという体制を確立したとか。2011年度では大赤字の同社ですが、2003年のようなV字回復を果たしてほしいと思います。

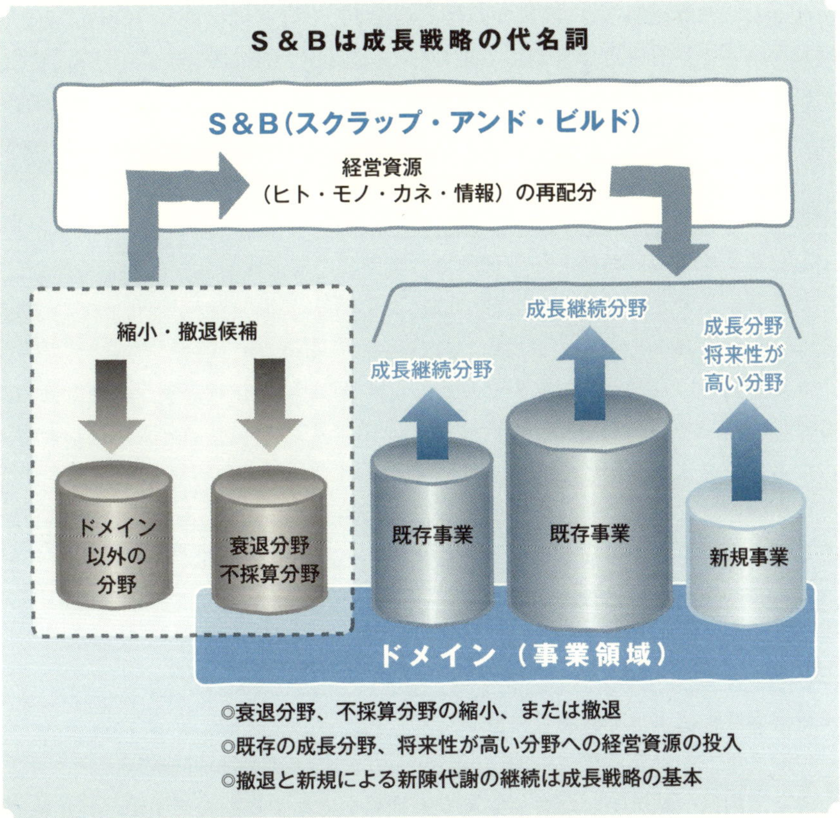

09 長期戦略と中期戦略

中期計画は3年後まで変更しないカタミ建設

問題

カタミ建設は、3年間の中期計画をしっかり立てています。しかし、一度立てたら3年後まで計画を変更しません。3年間は、固定なのです。売上利益計画を安易に変更しないために、毎年の見直しが行われないのです。

しかしカタミ建設では、問題が起きています。3年の間に社長が交代すると、新社長は「中期計画は自分が立てたわけではない」と無視します。また、経済変動や新しい技術などの外部環境の変化が起きても、フレキシブルに対応できないのです。

回答 中期計画は毎年見直していくべき

毎年立案するのは面倒という理由で、実際に中期計画を3年間固定でやっていた会社がありました。その会社では社長交代で計画の機能が停止していました。

本来は、長期計画で10年先のビジョン（展望）を明確化します。長期計画は、5年に一度くらいの変更でかまいません。10年先のビジョンを明確化したら、中期計画で3年先までの計画を立てます。

中期計画は、毎年見直します。計数計画（売上利益計画）を上方修正するときもあれば、下方修正するときもあります。外部環境の変化が大きいと、下方修正もやむを得ない場合があります。

解説 長期戦略で10年先のビジョンを明確化する

◆環境の変化によって計画を見直す

中期3年、中長期5年、長期10年が一般的な計画期間の目安です。

中期計画（中期戦略）は3年先までの戦略を立案するものですが、毎年見直していくべきです。なぜなら、時間の経過とともに、外部環境と内部環境が変化するからです。

外部環境の変化はいうまでもありません。ニーズの変化、経済状況の変化、法規制の変化、技術動向の変化、競合他社の奇抜な施策、新しいビジネスモデルの登場など、枚挙に暇がありません。

一方、内部環境も変化します。役員人事、管理職人事は最低年1回行われます。特に社長交代、事業部長交代により、今までの中期計画を全面否定する人も多いでしょう。特に役員人事は、中期計画を無効化します。

◆中期計画の前に長期計画（10年先）を立てる

中期計画を毎年見直すことは不可欠ですが、中期計画の前に長期計画（長期戦略）を明確化し、ブレイクダウンしていきます。

大企業の多くは、10年単位でビジョンを作成し、10年間は変更しない企業が大半です。ビジョンの場合は、毎年見直さないほうが一貫性を堅持できます。

現在多くの企業で有効なビジョンは、2020年ビジョンです。10年単位でビジョンを作成します。なおビジョンは、1～3枚前後でコンパクトな図解でまとめるのが一般的です。興味がある方は、インターネットで「2020年ビジョン」か「長期ビジョン」で検索してみてください。まだ一部の企業が公開しているかもしれません。

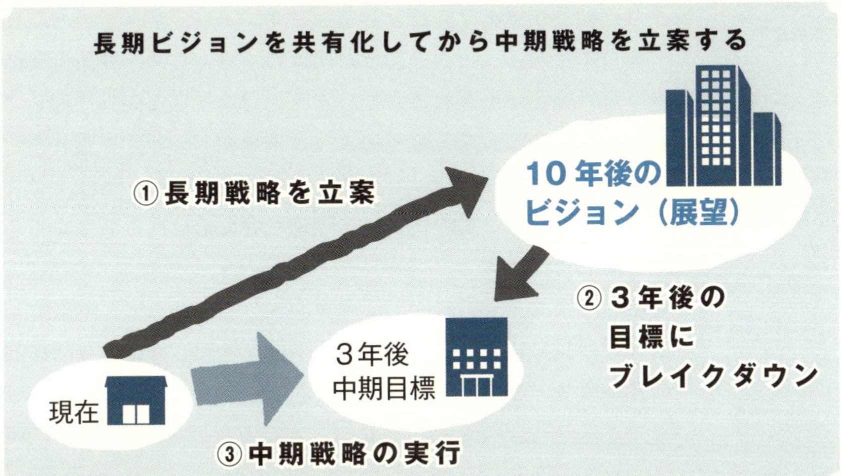

サムスン電子の成長戦略「地域専門家制度」

サムスン電子は、韓国最大の総合家電・電子部品・電子製品メーカーであり、同国最大の多国籍企業です。

特に大きなシェアを持つ製品は、薄型テレビや液晶ディスプレイ、有機EL、携帯電話、リチウム電池、半導体（DRAM、フラッシュメモリ）、デジカメ、ビデオカメラ、プリンター、白物家電、ホームシアターなどです。

サムスン電子は海外で成長するために、世界各地で現地化を積極的に進めてきました。それが「地域専門家制度」です。

真の国際化を目指し、社員に海外の文化や習慣を習熟させて、その国のプロとなる人材を育てる目的で開始した制度です。入社3年目以上、課長代理クラスの社員が対象で、毎年数百人を選抜、アジア、欧米、中東、ロシアと世界各国に派遣されます。これまでに約4,000人が世界各国に派遣されました。

地域専門家は派遣先の国に1年間滞在しますが、仕事の義務はありません。その国の言語や文化を学ぶため、自主的に計画を立て実行します。期間中の給料は支給されますが、家探しから日々の生活、語学学習、人脈作りなどは一切会社を頼らず、自力で乗り切らなければなりません。

「地域専門家制度」により、各国の風習やライフスタイル、そして言語を学びます。各国を十分理解した上ではじめて、その国で好まれる製品が提案できるとしています。

一方日本企業は、国内の需要が適度にあったため、韓国企業に比べて海外進出が出遅れました。また、日本仕様を海外に押しつける形となり、サムスン電子のような現地化への対応が遅れました。

サムスンにとって国際化とは、現地社会に溶け込み共生することです。

地域専門家は派遣先の国で「道案内人」となります。中東やインドなどの異文化地域でも、現地の事情を熟知した地域専門家制度の経験者がいれば、相互の理解が深まりビジネスコミュニケーションがスムーズに運ぶのです。

第2章

競争に打ち勝つための王道戦略

10

いつまで競争を続けるか

多機能化、スマートフォン…開発に疲れた携帯電話メーカー

問題 Q

カリスマ電機は、高機能の携帯電話で定評があります。しかし開発部門は休日もなく働いています。アップル社のiPhoneが登場したときは青天の霹靂《へきれき》でした。スマートフォン仕様に大転換し、開発部門も疲労が蓄積しています。

「部長、いつまで多忙な開発を続ければいいんですか？」

「戦いに勝つまでだ」

出口のない戦いが続いています。

回答 〉競争を緩和させる方策を考えるべき

競争戦略で有名なアメリカの経営学者M. E. ポーター博士は、「いかなる企業も競争からは逃れられない」と断言しています。しかし、「競争を緩和させるためのポジションを確保することは大切だ」ともいっています。

日本は携帯電話メーカーが10社もある過当競争市場です。日本市場だけを攻めていたのでは、競合が多すぎます。この会社が取り得る選択肢は大きく3つ。大きな世界市場で戦うか、他の日本企業と合併するか、撤退するか。

なお、スマートフォンを超える新機種を開発できれば新しい市場が獲得できますが、ドコモなどの通信キャリアを抜きにしては話が進みません。

解説 〉競争の本質に目を向けるということ

◆いかなる企業も競争からは逃れられない

たとえば、ある商売をして儲けている人（会社）があったとしましょう。それを知った他の人は、自分も成功者のマネをして大儲けしようと企むでしょう。その結果、市場内に業者が増加し、競争が起きるのです。

「誰かが儲けている」という情報が早く伝わるほど、マネをされるタイミングも早くなります。つまり、近年の情報化社会は、短期間で競争が激しくなる傾向にあるのです。

世界的に規制緩和への要請が高まる中、競争がない状況を永遠に続けることは困難です。いかなる企業も競争からは逃れられないのです。

◆競争を緩和させるために何をすべきかを考える

ポーター博士は、企業の収益を支配しているものは「競争」であると気がつきました。そこで競争を戦略の中心概念として分析することで、企業が収益を上げるための知識を体系化できることを発見したのです。

競争に強くなることは重要です。しかし、自ら競争が激しい市場に突進していくのは知恵がありません。競争を緩和させるために何をすべきかを考えること、それが戦略的なあり方なのです。

ところが日本企業は、汗の量が美徳と考える風土がいまだに抜け切れていないことが問題です。

確かに、世界の工場として君臨していた時代では、汗の量が利益の量に少なからず関わっていました。しかしこれからは知恵の量、つまり戦略で競争優位を確立する時代になっているのです。知恵を使って、競争を緩和させるために何をすべきかを企業は考えるべき時代になっているのです。

競争とは、２つ以上のものが競い合うこと

競い合うつもりがなくても、競争は起きる

（例）家庭菜園で野菜を、近所の朝市で販売しようと考えた。
近所の人も、同じようなことを考えた。
２人が朝市で販売したけど売れないので、値引き競争で売り切った

競争がない企業はあるのか？

⇨かつての国営企業（ただし海外との関係では競争は存在する）
⇨厳しい法規制により競争を制限することは可能（ただし努力しなくなる）
⇨規制緩和、新規参入で、競争がない状況を続けることは困難

11

自由競争で経済は活性化するか

小泉元首相が進めた規制破壊、その結果は?

問題

小泉純一郎元首相は、郵政民営化を旗印に、多くの業界で規制破壊を進めてきました。その結果、バス、タクシー、ハイヤーの新規参入などが進みました。規制破壊、規制緩和は競争を促し、産業を活性化できるという考え方もあります。

さて、規制破壊、規制緩和はどんどん進めるべきなのでしょうか?

回答 規制破壊は産業を活性化するが、敗退企業も増える

ダーウィンの進化論では、生存競争に勝ち抜くことで生命は進化するといいます。しかし進化の一方で、数え切れない種が絶滅してきたことも確かです。

規制破壊、規制緩和は新規参入を促し、産業を活性化します。しかし、産業界にとっては必ずしも幸福とはいえません。

たとえば、観光業界への参入が容易になり、旅行代理店やバス会社の競争が激しくなりました。その結果、商品価格が低下したものの、正社員の減少をパートタイマーで補うなど、人件費にしわ寄せがきています。

価格が低下しサービスが向上する一方で、企業の収益力は低下しています。

解説 自由競争のメリット・デメリット

◆競争が企業の成長を促す

競争がない環境を作ったらどうなるのでしょうか。競争のあるなしは、企業間だけではなく、一人ひとりの従業員レベル(労働の質など)の問題としてもとらえることができます。

たとえば、独裁政治下で、国営企業として鉄道事業を始めたとします。国営企業の社員は、席に座っているだけで給料がもらえるとします。国民が電車の不定期運行に不満をいったとしても、政府によって弾圧されてしまいます。そ

うしたら、社員は努力しなくなるでしょう。

しかし、たとえ国営企業だとしても、資本主義である以上、国民や消費者の高品質・低価格の要請に応えていく必要があります。

企業は競争することにより、製品レベルを継続的に向上させることができます。**競争があるから、競争に勝ち抜いてより高い収益をあげよう、自社を存続させようと、企業同士で切磋琢磨するのです。**

日本においても、民営化の波により、ＪＲ、ＪＡＬ（日本航空）、ＪＴ（日本たばこ）、日本郵政公社などが民営化されてきました。民営化により、民間企業との競争環境に置かれ、自由競争の洗礼を浴びて鍛えられていくのです。その結果国民は、より高い品質の製品を手に入れることができるのです。

◆自由競争になるほど、倒産企業も増える

では政府は、規制破壊によって、徹底した自由競争を促せばいいのでしょうか。2000年代の小泉政権は、規制破壊、民営化を旗印に政策を進めてきました。

自由競争になればなるほど、低価格で良質なサービスが手に入るかもしれませんが、一方で倒産企業も増えます。また、低価格を可能にするために企業は経費削減に注力します。その結果、給与削減、リストラ、デフレ経済まっしぐらです。

現在、海外はインフレ経済になりつつありますが、日本はデフレ経済から抜け出せません。日銀がインフレ目標を設定するといっていますが、いまだ実行力はありません。

競争が成長を促す一方で、過当競争になると敗者も増える

12

企業の魅力度を上げる

大増益で盛り上がる量販チェーン。しかし競合も大増益、さて来期は？

問題

ウメダスーパーは、今期増収増益でした。利益率は２％ですが、もともと薄利多売なので高収益といっても過言ではありません。社長もご機嫌で、賞与を上乗せしようと考えています。

ウメダスーパーの打った施策は比較的シンプルです。仕入価格を下げ、店頭でのＰＯＰ広告を改善し、顧客の声を品揃えに反映することでした。また、レジの待ち時間短縮のために、自動釣銭機を導入しました。

さて、ウメダスーパーは来期も好調でしょうか？

回答　業界の業績平均に目を向ける

前出のM. E. ポーター博士は、競争が企業の魅力度（収益率）を大きく左右するといいます。競争に強くなれば、同業の平均収益率より高くなるということです。

自社の業績向上は非常に好ましいことです。しかし戦略を競争の視点で見ると、１社の業績だけに目を向けるのは視野が狭すぎます。業界の業績平均に目を向けるのです。業界全体が好決算なら、自社が好決算でも油断してはいけません。業界の業績平均より上回っているかどうかを確認してみましょう。

来期の業績予測を断定はできませんが、今期が業界の業績平均より上回っていれば来期も期待大、下回っていれば期待薄といえます。

解説　競争に強くなれば、企業の魅力度（収益率）が上がる

◆競争に強い企業が得る大きなメリット

競争の結果、企業の業績は次のようになります。その業界の企業平均の業績と比べて、①平均的か、②上か、③下か、です。

競争に強くなれば、企業の魅力度が上がり収益率（利益率）が向上します。

競争に強くなることで、企業は、業界平均の業績より上の収益率が得られます。

競争力が高い企業として、ユニクロがあげられます。アパレルという厳しい競争環境の中で経営体力を上げて、約10%の高い収益率を維持しています。

競争に強い優良企業になれば、株価も上昇し、資金調達力が高まります。また就職したい学生も増えて、優秀な人材を確保できるチャンスが高まります。

◆競争に強くなれば、外部環境にも左右されにくくなる

外部環境に左右されにくい、継続的な高収益体質を達成するには、競争に強くなる必要があります。**競争に強くなるには、競争自体に強くなるだけではなく、競争そのものを回避していくという考え方もあります。**

競争について、これから深く考えていきましょう。

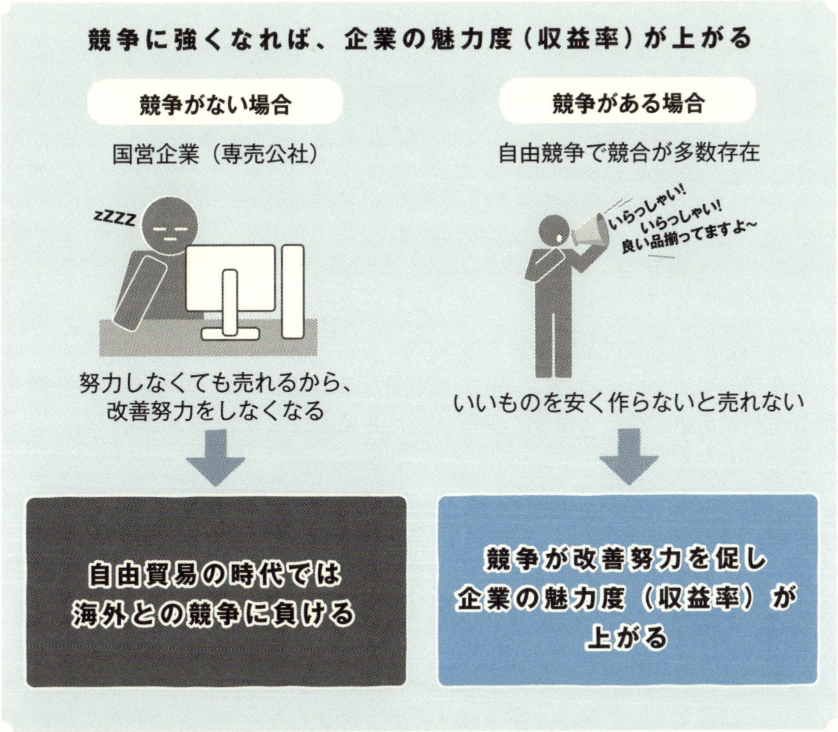
競争に強くなれば、企業の魅力度（収益率）が上がる
競争がない場合
国営企業（専売公社）
zZZZ
努力しなくても売れるから、改善努力をしなくなる
自由貿易の時代では海外との競争に負ける
競争がある場合
自由競争で競合が多数存在
いらっしゃい!
いらっしゃい!
良い品揃ってますよ~
いいものを安く作らないと売れない
競争が改善努力を促し企業の魅力度（収益率）が上がる

13

「差別化」で競争を回避する

MRIの新機種開発に悩む医療機器メーカー

問題

サエダ医療機器はＭＲＩ（核磁気共鳴映像法）では業界５位。現在、新しいタイプのＭＲＩに着手すべきかどうかで悩んでいます。ＭＲＩといえば、ドーム型になった丸い穴の中を抜けることで、体の輪切り状に診断画像を撮る撮影機です。

サエダ医療機器が開発しようとしているのは、患者さんが狭い場所を通り抜ける際の苦痛を和らげるため、コの字型で一方が開放された形状で診断画像が撮影できるＭＲＩです。

圧迫感をなくすため、体に比べてかなり大きめの開放空間を確保します。マイナス要因は、磁気が弱くなるので、若干ですが撮影時間がかかることです。

しかし、手術台に兼用できるため、画像を確認しながら手術をすることが可能です。この機器は開発すべきでしょうか？

回答　差別化で競争を回避できるポジションを獲得すべき

従来タイプのＭＲＩでは業界５位。決して上位とはいえません。ここで思い切った差別化をすることは必要でしょう。

診断だけではなく、同時に手術に利用できるのであれば、新製品が用途開発につながります。また患者さんの精神的な負担が軽減されれば、病院のセールスポイントにもなるでしょう。

コの字型の新タイプを開発すべきです。現在ではニッチ（すき間）的な市場でも、製品のよさが理解されれば、新しい市場が育ちます。

解説　戦略は「ポジション」で決まる

◆戦略とは、競争の中で独自の選択をしていくこと

ポーター博士は、戦略は「ポジション」で決まるといいます。戦略とは、競

争の中で独自のポジション（位置、場所、姿勢）を選択していくことだというのです。つまり、①競争要因から身を守るポジションを確保する、②自社に有利になるように競争要因を支配できるポジションを見出す、の2つです。

自社に有利になるように競争要因を支配できるポジションを見出すとはどういうことか。具体的には、製品性能、製造、販売、サービス、情報活動などによる違いを確保することです。たとえばコンビニは、販売において「顧客の買い物のコンビニエンス（利便性）」においてポジションを見出しています。

◆競争をできるだけ回避していくことで、収益性を高める

企業にとっては、競争要因が弱ければ弱いほど、突出した業績を得るチャンスは大きくなります。企業の市場における行動を競争としてとらえ、その環境を分析し、競争を有利に進める戦略を構築することが必要なのです。

競争の激しいポジション（場所）にガチンコ勝負を挑んでいては、激しい消耗戦を強いられてしまいます。

「差別化」で競争を回避できるポジションを獲得する

戦略は「ポジション（位置、場所、立場、立ち位置）」で決まる
戦略とは、競争の中で独自の選択をしていくこと

①競争要因から身を守るポジションを確保する
②自社に有利になるように競争要因を支配できるポジションを見出す

製品設計、組立、販売、サービス、情報活動などによる「違い（差別化）」を確保する

↓

◎競争要因が弱ければ弱いほど、突出した業績を得るチャンスは大きくなる
◎競争をできるだけ回避していくポジションを築くことで収益性を高める

14

競争要因を弱める

いつも高収益のカネダ薬品。高収益の秘密とは？

問題

カネダ薬品は、新薬開発のため巨額の資金を投資しています。しかし研究費に巨額投資しても、カネダ薬品は業績好調です。なんと、毎年 20%以上の利益率を達成しています。

しかし、カネダ薬品の業績だけがいいわけではありません。競合も好業績で、製薬業界では利益率が 20%を超えている企業が多くあります。

近年は、保険料の負担軽減のため、ジェネリック医薬品（後発医薬品）の推奨がされているにもかかわらず業績は好調です。どうしてこのような高収益が可能になるのでしょうか？

回答　医薬品業界は政府の規制で新薬の特許保護が続くから

医薬品業界は、新薬の開発を促進するために、法規制で 20 年間も新薬の特許保護が続きます。1つの新薬が認可されると、毎年 100 億円以上の売上が確保できるといいます。

一方で、市販品の定番商品も高収益を支えています。たとえば、武田薬品のアリナミンA、大正製薬のリポビタンDなどは安定した売上をあげています。大塚製薬なども、ポカリスエット、オロナミンCで、安定した利益を得ています。

解説　競争要因が弱いほど、業績を得るチャンスは大きくなる

◆競争をできるだけ回避していくポジションを築く

競争戦略の醍醐味は、できるだけ競争を回避するポジションを築けるかどうかにかかっています。

花王が、カネボウ化粧品を買収したことは有名です。花王が、約 4100 億円の買収資金を使ったことは、当時のマスコミから高い買い物だと非難されました。

しかし花王の化粧品事業買収は、競争戦略的には優れた意思決定でした。もし花王でなく外資系企業が買収していたら、資生堂、花王、買収されたカネボウ化粧品３社の三つ巴の競争環境になっていました。

しかし花王が買収することで、資生堂対花王の２社対決です。２社対決により、競争を緩和させることに成功したのです。

◆競争要因を弱めるための手段

政府の規制で競争要因を弱めることも可能です。法規制の中でも強めの規制は、新規参入の制限です。新規参入を制限すれば、プレイヤー（競争相手）が少なくなるので、競争は緩和されます。しかし新規参入を制限しすぎると、すでに参入している企業が経営努力をしなくなります。

これと似たような事例として、民間企業では、グループ会社を作ってグループ間で取引を促進することで競争条件を緩和していました。

しかし、海外とのコスト競争が激しくなる中、近年ではグループ会社ではなく、最も安い企業から調達する企業が増えています。その結果、パソコンを製造しているグループ企業があるにもかかわらず、デルやＨＰ（ヒューレット・パッカード）製のパソコンを買ったりします。

法規制の壁で競争から守られている業界もある
20年の保護
(法規制の壁)
やられたなあ
わっはっは
新薬開発
特許獲得

15

戦略の二者択一、そのポイント

吸引力で勝負するか、静音で勝負するか、悩む掃除機メーカー

問題

スイタ電機は、掃除機の新シリーズのコンセプトで悩んでいます。吸引力で勝負するか、静音で勝負するかの２つが候補にあがっています。

実は吸引力で勝負したいのですが、吸引力ではすでにダイソンが有名で、後発では勝ち目がありません。その一方、静音の掃除機で話題を独占しているメーカーはありません。

さて、どちらを選ぶべきでしょうか？

回答　吸引力なら超低価格を、静音で勝負するなら高価格でも超静音を

顧客に注目してもらう方法は、大きく分けて２つあります。１つめが、ダイソンのように際立った特長を前面に打ち出した商品にすることです。2つめは、同じ機能でも徹底して低価格を実現することです。

前者の場合、静音で勝負するのも一案です。この場合は、ブランド力を高めることに注力し、できるだけ高価格で売れることを目指します。

後者の場合は、すでに吸引力で定評があるダイソンとの真っ向勝負を価格面で挑みます。

たとえばダイソンの半額で同じ価値が提供できる製品を売り出します。コストダウンと販売数量の増加に注力します。いずれにしても、特長がなければ、顧客に注目してもらえません。

解説　戦略はトレードオフ（二者択一）からの選択である

戦略を的確に表現する言葉として「選択と集中」があります。ポーター博士は、選択と集中においては、選択の重要性を強調しています。

平均より優れた収益を得る方法は、次のどちらかのうち、１つを選択するこ

とであると説いています。

①競合より「高い価格」で売れる（戦略的ポジションの違い）

②競合より「低いコスト」を実現する（オペレーションの効率の差）

◆究極の選択①競合よりも高くても売れる差別化で収益性を高める

１つめは、競合との価格競争に巻き込まれないための戦略的ポジション（位置）を確立する方法です。

ブランド戦略がこれにあたります。たとえば、グッチ、シャネル、ルイ・ヴィトンなどは、そのブランドならではのデザイン、質感、ライフスタイルの提案などの差別化で勝負しています。

これにより、競合との価格競争に巻き込まれないための位置（ポジション）を確立しています。

◆究極の選択②競合よりも安いコストを実現することで収益性を高める

２つめは、「オペレーションの効率の差で勝負」する方法です。

オペレーションの効率を究極まで高めて、競合より圧倒的な低コストを目指すのです。

業界でナンバーワンの低コストが実現できれば、値下げ競争に勝ち残れます。競合が赤字になるまで値下げしてきても、競合よりも低いコストを実現できれば、安く売っても利益を出せる企業体質になるのです。

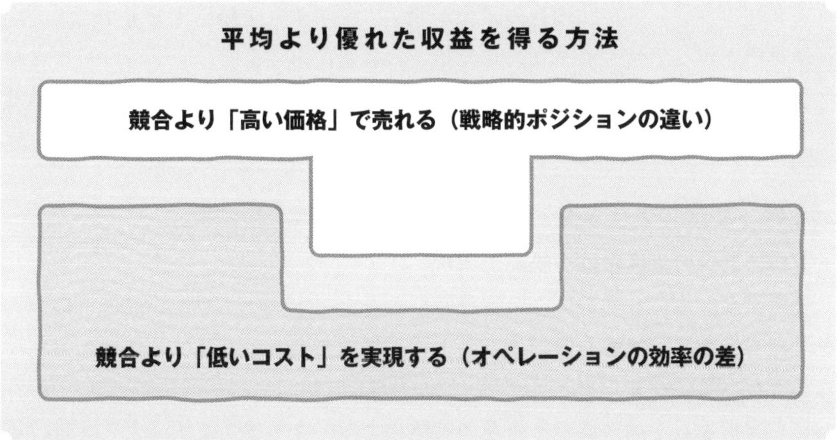

16 事業領域の選択と集中

なぜ象印やタイガーは家電製品に手を広げないのか?

問題

象印やタイガーは、知名度抜群なのに、冷蔵庫やエアコンなどの家電製品を作りません。リビングや居室にまで広げれば、どんどん新製品を開発できると思うのですが。

また、青山商事などの紳士服の会社は、女性のカジュアルに積極的に進出しようとはしません。カジュアルは大きな市場なのにもったいない気がします。

さて、なぜこれらの企業は新分野への進出に積極的ではないのでしょうか?

回答 範囲の選択によって経営資源を集中させている

冷蔵庫やエアコンなどの家電製品を作るためには、さまざまな技術と莫大な資本力が必要になります。たとえば、冷蔵庫やエアコンには、コンプレッサー(圧縮機)技術が不可欠です。この技術を開発し、製品化するには、大きな資金と工場が必要になります。

青山商事などの紳士服の会社は、商品の標準化を得意としています。しかし、特に女性のカジュアルは流行の変化が速く、デザインを標準化できません。流行に対応できるデザイナーを大量に抱える必要があります。

また、生産管理も複雑です。同じ業界のようで、企業側から見ると実は異なる業界だったりします。

解説 規模が小さくても経営資源を集中すれば勝てる

◆究極の選択の折衷案は、範囲の選択

規模が小さくても選択によって経営資源を集中すれば、少ない資源で競争力を発揮できます。範囲を選択することで、特定の顧客や商品にこまめに対応することが容易になります。

何を選択するかは、業界や企業の戦略によってまちまちです。たとえば、場所の選択をする業界に、地場産業があります。地場産業は、歴史的に周辺に材料調達、取引先関係、技術関連などの環境が整っていることが多く、その場所だから経営が成り立ったりします。

たとえば、今治タオル、京都の漬け物などは、地場産業の一種です。地場産業といえども、販売は全国規模の業界も多くあります。

◆選択によって経営資源を集中すれば競争力が発揮できる

選択には、以下のようなものがあります。１つめは、場所の選択です。ラーメン屋やうどん屋などの飲食店は、規模が小さくても成り立っています。場所を狭い範囲に限定すれば、顧客は少なくなっても、投資規模は極限まで小さくできます。たとえば、中国の華僑は、小さな中華料理店を増やして莫大な富を築きました。１店舗ずつの利益は小さいですが、すべての店舗が黒字であれば、合計することで莫大な利益になります。

２つめは、商品の選択です。象印、タイガーは、炊飯器やポットなど、家庭の台所を中心に使用する製品に範囲を選択して存在感を勝ち取りました。

選択はまさにトレードオフ（二者択一）です。あちらをとれば、こちらが立たず。つまり**選択とは、やることを決めることと同時に、やらないことを決めることでもあります。**それによって、競争力がある差別化した製品が実現できるのです。

選択によって資源を集中すれば競争力を発揮できる

経営規模が小さくても、
選択によって資源を集中すれば競争力を発揮できる

（例）　**【飲食店】「場所」の選択例**
ラーメン屋やうどん屋は、規模が小さくても成り立つ
中国の華僑は、小さな中華料理店を増やして莫大な富を築いた

【炊飯器】「商品」の選択例
象印、タイガーは、炊飯器やポットなど、商品範囲を選択している

【情報機器】「商品」の選択例
エプソンは、カラープリンターとインクカートリッジを選択している

17 競争を激化させる５つの力

競合の動きに迅速に対応するが、利益が出ないカザマ電機

問題

家電メーカーのカザマ電機は、競合の動きに迅速に対応しています。たとえば、競合が新製品を出せば、半年以内に同等以上の新製品を投入します。

また､競合の研究開発にも目を光らせています。ときには調査会社を使って、競合の社内事情も調べています。

しかしカザマ電機は、売上は伸びているものの、十分な利益が出せません。量販店からの値引き要請、部品コストの上昇などがあり、利益を量販店と部品メーカーに奪われているのです。

回答　競争相手は、競合他社だけではない

競争相手は、現在目の前にいる競合他社だけではありません。量販店などの買い手、部品メーカーなどの売り手も競争相手なのです。つまり、競争相手と利益の奪い合いが起きているのです。

また、代替製品も競争相手になります。たとえば、iPod は、ＣＤプレイヤーの代替製品です。また iPad は、パソコンの代替製品、iPhone は携帯電話の代替製品といえます。

解説　競争を支配する５つの力（５フォース）

◆競争を支配する５つの力を理解しよう

企業の競争には、５つの競争要因が関わっています。これを５つの力（ファイブ・フォース）とも呼びます。

５つの競争要因を以下にあげます。

①新規参入の脅威

業界に新規参入する企業から受ける脅威です。新規参入が増えれば、競争業

者が増加し、競争が激しくなります。

②既存の競争業者間の敵対関係

既存の競争業者間の敵対関係、つまり同業他社同士の競争です。製品の差別化競争、価格競争などが繰り広げられます。

③代替製品（製品・サービス）からの圧力

代替製品（製品・サービス）からの圧力です。既存の製品より、品質、機能性、価格面などで優れた代替製品が登場すれば、既存の製品の魅力度は低下します。

④買い手（顧客）の交渉力

買い手（顧客）の交渉力です。買い手は、同じ品質であれば、より安く手に入れようと、値引き交渉をするでしょう。

⑤供給業者（売り手）の交渉力

最後は、供給業者（売り手）の交渉力です。希少価値が高い製品であれば、供給業者は値引きしてまでは売らないと考えます。

◆５つの力から重要な要因を２～３個絞って対策を打つ

５つの競争要因のうち、自社に大きな影響を与える競争要因を絞り込んで対策を打ち、競争力をつけていくことが大切です。

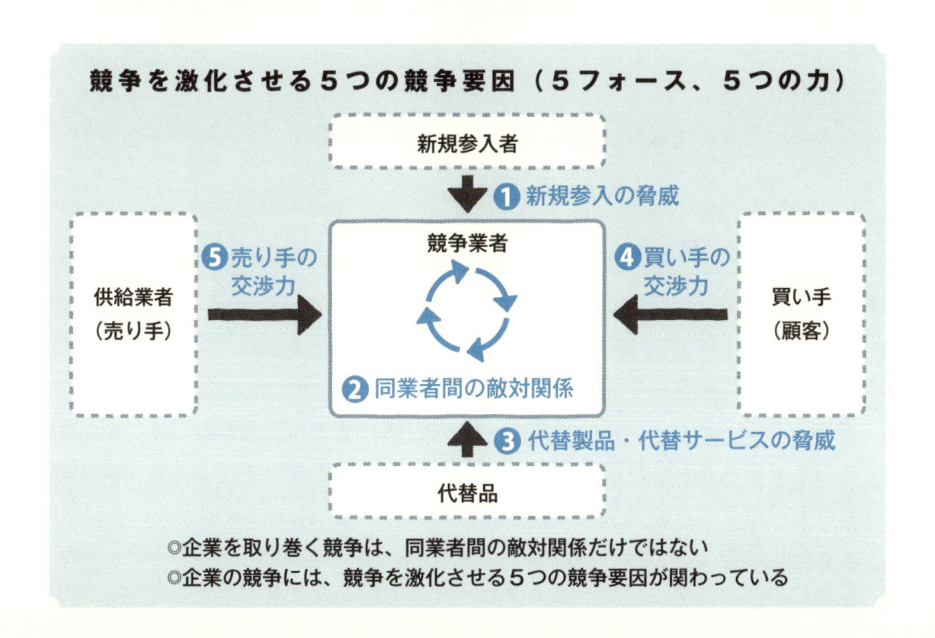

競争を激化させる５つの競争要因（５フォース、５つの力）

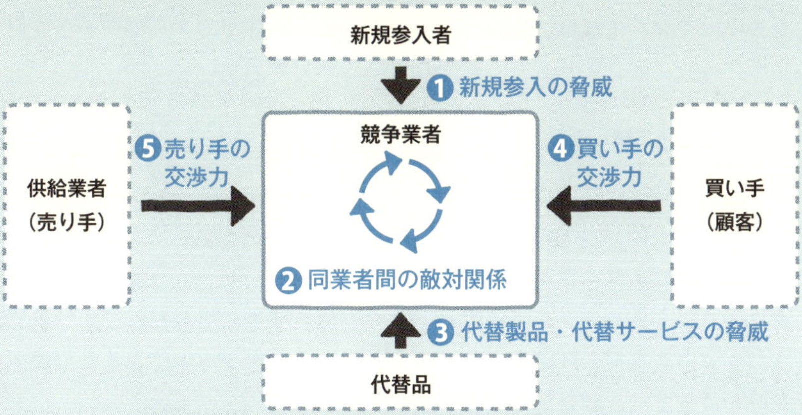

◎企業を取り巻く競争は、同業者間の敵対関係だけではない
◎企業の競争には、競争を激化させる５つの競争要因が関わっている

18

競合に打ち勝つ３つの基本戦略

なぜ、ヤマダ電機は競合他社より価格を落とせるのか？

問題

家電量販店のトップランナー・ヤマダ電機は、同業の量販店の中で最安値をうたって大人気です。ヤマダ電機より安い販売店があれば、それよりも安くするというのです。なお、ネット販売は、同業の量販店の定義ではないようです。

なぜヤマダ電機は、同業の量販店を凌駕できるのでしょうか？

回 答 〉大量仕入により、同業の量販店よりも安値で仕入が可能

ヤマダ電機の売上は年間2.1兆円超です(2010年度)。一方、家電量販店のトップ10の総売上が7兆円弱、つまり約30%のシェアを持っています。

もし家電メーカーが、ヤマダ電機で販売できないとしたらどうなるでしょうか。メーカーの売上が激減することでしょう。メーカーは、ヤマダ電機にたくさんの商品を扱ってもらえるなら、卸価格を下げても十分なメリットがあると考えます。ヤマダ電機は、大量仕入をするという条件で、メーカーから安値で商品を仕入れ、競合よりも安く販売しているのです。

解 説 〉他社に打ち勝つための３つの基本戦略

◆３つの基本戦略を持つことが大切

ポーター博士は、以下の３つの基本戦略を説いています。

①コストのリーダーシップ戦略

業界内で最も低コストを実現することで、価格競争に勝ち残れます。最安値をうたうヤマダ電機の戦略がこれに当たります。競合が赤字になるまで値下げで対抗してきても、利益が出せる戦略です。

②差別化戦略

差別化の対象は製品（サービス含む）だけではありません。たとえば、アマ

ゾンやアスクルは、当日配送を可能にしていますが、これは物流における差別化です。差別化戦略は、別名「高くても売れる戦略」です。

③集中戦略

集中戦略が他の2つの戦略と異なるのは、狭い範囲を対象としているところです。特定の製品、特定の顧客、特定の地域など、狭い範囲を対象にして、コストのリーダーシップ戦略と差別化戦略を使い分けるのです。小資本の企業が通常選択する戦略です。

◆3つの基本戦略のどれか1つを選択して集中する

ポーター博士は、3つの基本戦略のどれか1つを選択して、徹底的に集中すべきだと説いています。

ただし、一方を選択したから、他方を無視していいという意味ではありません。軸足をどれに置くか、1つに決めることが重要だと説いています。

なお、集中戦略は、すべてが中途半端にならないように、範囲を限定して、コストのリーダーシップ戦略と差別化戦略を使い分けます。範囲を限定すれば、コストと差別化の両立が可能なのです。

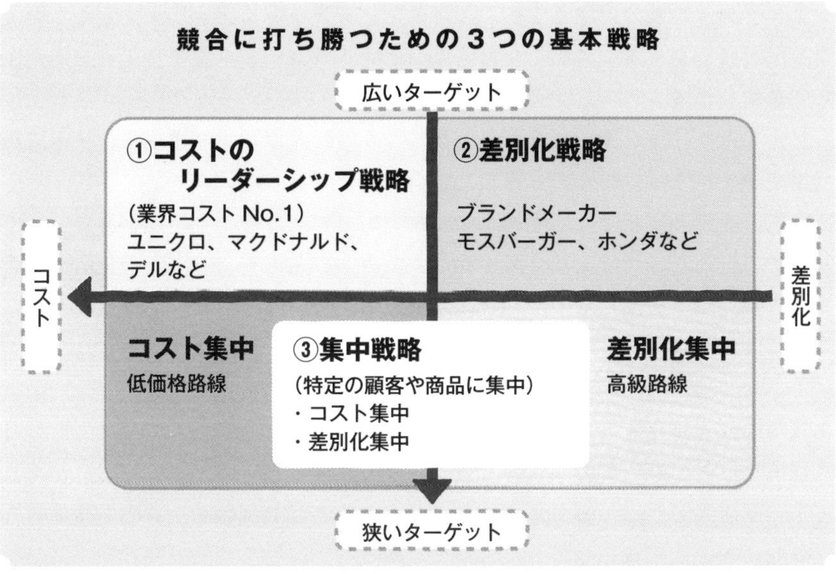

19

競争優位を確立するバリューチェーン

売れ残りの商品が倉庫にあふれる紳士服メーカー

問題　ハカマダ衣料は、百貨店向けの紳士服の生産を主業務としています。百貨店向けなので、生地や縫製にはかなりのこだわりをもっています。

しかしハカマダ衣料の悩みは、紳士服の在庫が大量に余ることです。スタイルのデザインが悪い、生地のデザインが悪い、サイズが合わなくて売れ残るなど、保管倉庫は紳士服の山です。サイズにおいては、標準サイズは欠品の一方、大きすぎる、小さすぎるサイズが余ります。しかし百貨店側からの、大小のサイズも揃えてほしいという要求を断れません。

回答　販売〜在庫〜生産を一元管理し、売れた分だけ追加生産する

需要予測は容易ではありません。サイズ、デザインなどを加味すると、莫大な品種数になります。欠品をしたくないと考えれば、ますます在庫量を増やす必要があります。

しかし近年、インターネットの普及により、販売情報、在庫情報、生産計画情報をリアルタイムで把握することが容易になりました。

販売〜在庫〜生産を一元管理して、販売に合わせた追加生産が容易になっています。売れた分だけ追加生産すれば、多めの在庫を持たなくても欠品を防止できる時代になったのです。

解説　価値連鎖を支配することでマージン（利益）を増やせ

◆競争優位を確立するためのバリューチェーン

競争優位の源泉に必要なものとして、価値連鎖（バリューチェーン）があります。**価値連鎖とは、製品が消費者に届くまでの付加価値を生み出す連続したプロセスのことです。**

あらゆる企業活動は、価値連鎖でつながっています。たとえば、自動車業界では、原材料メーカー、部品メーカー、組立メーカー、輸配送業者、販売業者、顧客へと連鎖します。

この一連の連鎖の中で、顧客に届けられる製品の付加価値が連鎖（つながり）しながら増大していくのです。

◆バリューチェーンの支配で利益を上げたユニクロ、アオヤマ、デル

バリューチェーンは、５つの主要活動と４つの副次的活動によって構成されています。

５つの主要活動とは、購買物流、製造、出荷物流、販売・マーケティング、サービスです。購買物流では、原材料メーカー、部品メーカーなどのサプライヤーが価値を生み出す活動をします。製造は、組立メーカーの活動です。出荷物流は、輸配送業者の活動です。販売・マーケティングは、販売業者の活動です。サービスは、販売後のサービスに携わる業者の活動です。

４つの副次的活動とは、全般管理、人事・労務管理、技術開発、調達活動です。

たとえば、ユニクロ、デルなどは、１社でバリューチェーンの５つの主要活動を支配下に置いています。その結果、バリューチェーンから得られるマージンを一手に自社のものにできるのです。

価値連鎖（バリューチェーン）

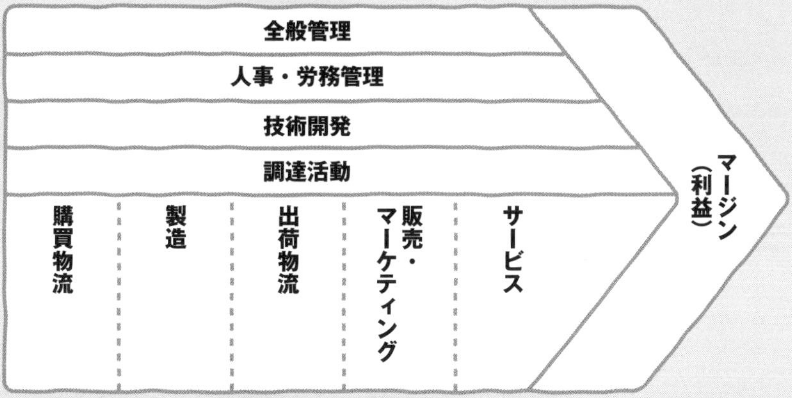

◎会社は例外なく、価値連鎖によって活動がつながっている

急成長タクシー会社 アシスト、Kmの競争戦略

規制緩和により、タクシーの新規参入と台数増加が容易になりました。その結果、タクシー業界のプレイヤー（競合）が増え、業界内は激戦区になっています。競争が激しい業界内で、競争を緩和する「ポジション」を築いているタクシー会社があります。それはアシストと、Ｋｍ（ケイエム）タクシーです。

アシストはあまり知らない人も多いかもしれません。深夜早朝割増運賃がないタクシーです。1997年に初乗り500円の「ワンコインタクシー」として事業を開始しました。その後、燃料価格の高騰と車両のグレードアップを理由に、初乗り700円、深夜早朝割増なしに統一しました。

アシストは、慢性的に深夜会社から帰宅する会社員、羽田空港の深夜便を定期的に利用する顧客など、電話予約するリピーターが多いのです。運転手を指名する顧客も増えています。

Ｋｍタクシーは、東京を拠点にタクシー、ハイヤー、バスなどの運営を行うＫｍグループの１つです。タクシー事業において約3,000台の車両を有し、東京地区においては日本交通（同3,170台）と並ぶ最大手の事業者となっています。

Ｋｍタクシーが目指す戦略の「ポジション」は、「マイタクシー」です。全車デジタルGPS無線配車システムに対応しており、カーナビゲーションと連動させた迅速な迎配車に対応しています。会員登録すると、スマートフォンなどから簡単に配車予約ができます。

また、会員番号や行き先コードが記載されたICチップ内蔵の「km My Taxi カード」と連動させて、目的地までの最短ルートを検索できます。なお、「km My Taxi カード」を利用した顧客がいつも使うルートも基地局側で記憶し、次回以降は同じルートが再現できるシステムも開発中です。

Ｋｍタクシーは、運転手の接客サービスも差別化されています。紳士的な対応とマナー教育を徹底しています。運転手の中には、運転席から左側の助手席を飛び越して外に出て、左後方のドアを手で開けてくれる人もいます。その時間わずか２～３秒で、そのスピードは圧巻です。

第3章

徹底した差別化で「ブランド」を手に入れる

20

ブランド力の構築戦略

同じ機能、同じ品質の洗濯機。あなたはどっちを買う？

問題

あなたは洗濯機を買おうと思い、量販店を見て回っています。メーカーが異なる、２台の同じ機能、同じ品質の洗濯機があります。

ただ、Ａ社のほうが、デザインが優れている上、長期使用時の安心感があります。

Ｂ社のほうは、特に好きなメーカーではありません。Ａ社のほうが、１％ほど高いのですが、どちらを買いますか？

回答 ブランド力があれば「高くても買いたい」と思われる

メーカーにこだわりがないのであれば、安いほうを選ぶでしょう。仮に5000円安ければ、その5000円で他のものを買えるからです。

一方、メーカーにこだわるのであれば、少々高くても好きなメーカーの製品を買うでしょう（あまり高すぎたら買わないかもしれませんが）。

好きなメーカーであれば「高くても買いたい」という気持ちが起きます。これを、ブランド価値（ブランドエクイティ）といいます。

解説 なぜ差別化が必要なのか？

◆同じ機能、同じ品質は、安売り競争を招く

同じ機能、同じ品質で、ブランドにこだわりがなければ、多くの人は、より安いほうを選ぶでしょう。同じ機能、同じ品質の場合、安売り競争が促進されます。同じ機能、同じ品質のものを作るメーカーが増えると、コモディティ化（汎用化）を促します。コモディティ化は価格勝負につながります。

近年、アジア諸国が日本の最先端技術を習得し、多くの分野でコモディティ化が進んでいます。

たとえば、最先端のはずだった液晶やプラズマテレビの分野でさえ、コモディティ化が進んでいます。そこそこ満足できる製品が増えすぎると、コモディティ化を引き起こすのです。

◆ Top of Mindとなり、ブランド力を高める

コモディティ化による価格勝負から抜け出すには、差別化でTop of Mind（最初に思い浮かぶ存在）を目指す必要があります。

バッグを買う、冷蔵庫を買う、テレビを買うというときに、最初に思い浮かぶ存在になるのです。

そのためには、ファンやシンパの存在が必要です。シャネルの場合、「シャネラー」という大ファンが、ブランド力を高めてくれます。

圧倒的に大好きというTop of Mindの消費者をいかに増やすかが重要となります。

ただし、**すべての消費者にとってTop of Mindになる必要はありません。シャネル好きがいれば、ヴィトン好きがいてもいいのです。**すべての消費者を狙うと、八方美人でかえって差別化が希薄化してしまいます。

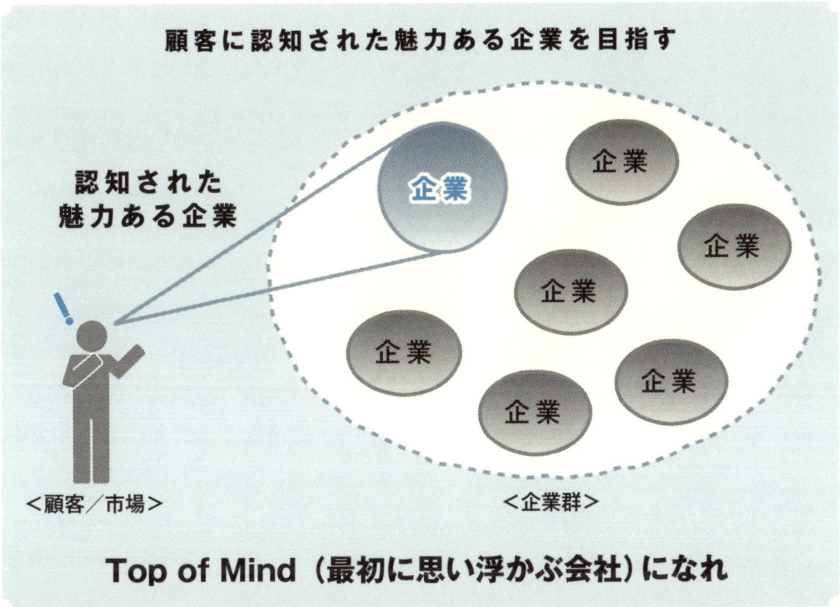

21  差別化の切り口を考える

差別化の意味がわかっていないチガイ百貨店

問題 チガイ百貨店はアライ百貨店をライバルとしています。戦略の本を読んだチガイ百貨店の社長は、差別化が大事だということに気づいたようです。そこで社内に「差別化プロジェクトチーム」を立ち上げ、差別化方針を打ち出すことにしました。

しかし、プロジェクトメンバーたちは、「差別化しよう」と言い合うだけで、何をどう差別化すればいいのかがわからないままです。どうすればいいのでしょうか？

回答 差別化の切り口を考える

差別化するといっても、その対象は業種によってさまざまです。百貨店の場合は、品揃えの差別化、イメージの差別化、サービスの差別化、接客の差別化などが考えられます。

また、店舗を持っている場合、どこに出店するかという立地の差別化があります。たとえば、ドラッグストアのマツモトキヨシは、「店舗は立地」と言い切っています。同社では、駅前店舗など、集客が容易な場所に出店するのを基本戦略にしています。

解説 何を差別化するのか？

◆ビジネスモデルの差別化がベスト

差別化が必要だというと、多くの人は製品の差別化を考えます。しかし差別化をする対象は、製品だけではありません。

究極の差別化は、差別化したビジネスモデルを作ることです。たとえば、ヤマト運輸は、かつて「ドア・トゥ・ドア」というコンセプトで全国の宅配網を確立しました。配送サービスの差別化を、ビジネスモデルとして実現したので

す。

製品レベルの差別化は、後発で新しい製品が出れば希薄化します。しかしビジネスモデルのレベルでの差別化は、追随するのに何年もかかります。戦略的には、ビジネスモデルでの差別化を目指します。

◆差別化のいろいろ

差別化にはどのようなものがあるか考えてみましょう。

たとえば、ブランドメーカーは、イメージの差別化に成功しています。製品を見ただけでブランドを識別できるのは、イメージの差別化に成功しているからです。

先に紹介したマツモトキヨシは、店舗の立地で差別化しているだけでなく、化粧品を置くことで、品揃えを差別化しました。

これによってターゲット顧客の差別化にも成功したのです。

一般的なドラッグストアの顧客は薬を買う中高年ですが、マツモトキヨシは専門店に入りにくい女子高生をターゲットにしました。カネボウや資生堂の専門店に入りにくい女子高生をターゲットにして、品揃えも差別化したということです。

22 製品の差別化のポイントとは

「花粉除去」で差別化したエアコンがなぜか売れないハナダ電器

問題

ハナダ電器は、花粉除去ができるエアコンを開発しました。しかし、いくら宣伝してもなかなか売れません。

ハナダ電器が花粉除去するために開発した技術は非常に高度です。しかし、消費者に聞いてみたところ、花粉対策のためにエアコンをつけると、電気代が高いので意味がないという意見がありました。また、花粉対策のついたエアコンは、５万円も高いという意見もありました。どうすれば売れるでしょうか？

回答　代替製品の競争力を考えるべき

花粉の最盛期である春先は、比較的エアコンを必要としない時期です。したがって、エアコンで花粉除去できたとしても、消費者にとってはメリットが小さいわけです。

そこで、代替製品の競争力を考えることも大切です。空気清浄機が２万円だとして、エアコンの花粉除去機能ありなしの価格差も２万円前後でしょう。空気清浄機のほうが24時間動かしても安全で電気代も安く、エアコンよりも有利です。

解説　製品の差別化を考えるためのポイント

◆代替製品の存在にも注意が必要

エアコンの場合、既存のエアコン以上の機能を搭載することは差別化になります。たとえば、パナソニックが「お掃除ロボット」というエアコンのクリーニングを自動で行う機能を搭載したときは、高額でも飛ぶように売れました。

例題のエアコンは花粉除去機能を搭載していましたが、すでに代替製品として空気清浄機があります。電気代、価格から考えると、空気清浄機のほうに軍配があがりそうです。

◆機能を減らしてシンプルにするのも差別化

機能を増やすだけでなく、減らしてシンプルにするのも差別化です。機能を減らすことではじめて成功したといわれるのが、ソニーのウォークマンです。

また機能を統合することで当時大ヒットしたのが、ラジカセです。ラジオとカセットテープを一体化することで、ラジオ番組の録音がワンタッチでできるようになりました。その後、複合化があちこちで進み、ますます多機能化を目指すようになりました。

しかしウォークマンのように、機能を減らすことも画期的な差別化になる場合があります。たとえば、シルバー層向け携帯電話です。これは本来の電話機能の原点に戻ることでヒット商品になりました。

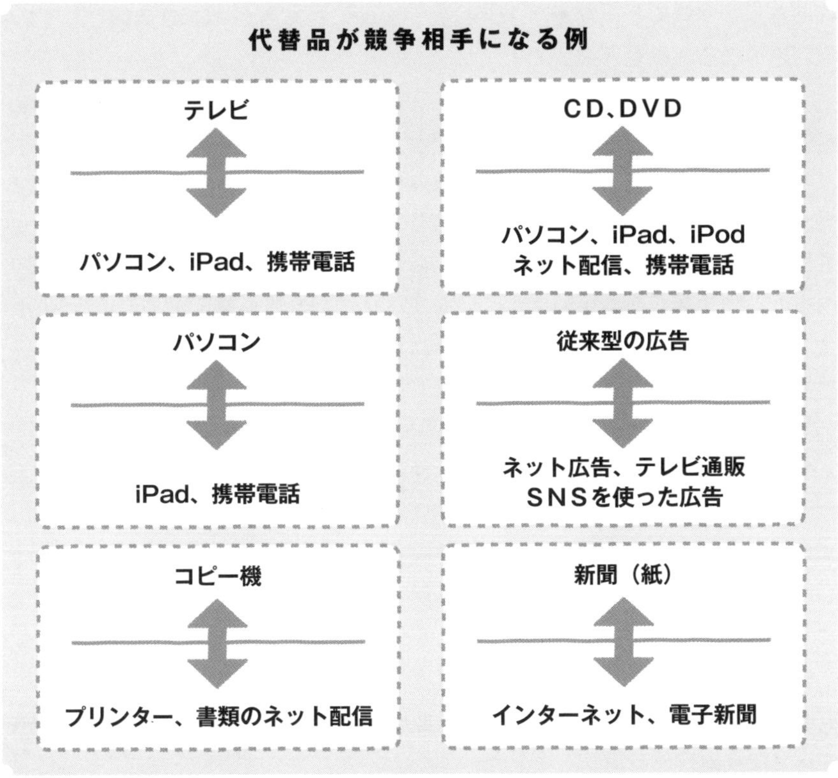

23

受注と生産方式の差別化戦略

多品種化と在庫削減の板挟みで疲弊するツカレ電気

問題 ツカレ電気は携帯電話の色を30色用意しました。また機種は20種類あるので、30色×20機種＝600種類の品揃えで、消費者のニーズに対応しています。

しかしツカレ電気には、1つ困ったことが起きています。携帯電話の販売店の製品在庫が、最低600台必要なことです。在庫切れを考えて、1色1機種あたり3台置くと、なんと1800台。全国に販売店が1000店舗としても、気が遠くなる在庫量が必要です。

回答 インターネットで注文を受けられるようにする

多品種化で差別化する場合、全機種の在庫を抱えていたのでは、在庫費用と売れ残りで大赤字です。そこで、色は2～3品種にして、インターネットから外枠の着せ替え方式で追加注文を受けられるようにするのも一案です。

また、受注してから生産するという、パソコンのデルの注文方式も効果的です。在庫を減らす工夫が、利益アップに効果的です。

解説 受注方式と生産方式の差別化を図る

◆受注方式と生産方式の工夫で差別化を可能にしたデル

製品設計、組立、受注方式で差別化に成功したのがパソコンのデルです。デルは、もともと電話一本でパソコンを販売するビジネスモデルを確立していました。そして、インターネットの普及により、全世界からパソコンを受注することが容易になりました。

デルはパソコンを受注してから生産するため、製品在庫がゼロです。また、直販なので販売店に支払うマージン（販売促進費）が不要です。さらに工場をすべてアウトソーシングしました。

つまり、在庫レス、マージンレス、工場レスによって、数万円でパソコンを販売することを可能にしたのです。

◆天板の色が選べるパナソニックの直販サイト

パナソニックは、高価格ながらインターネットでノートパソコンを直販することに成功しています。

仕様もある程度選べますが、ノートパソコンの天板の色が選べる、ネームプレートを無料でつけてくれるサービスを売りにしています。自分が好きな色を選びたい人には、リピーターが多くいます。

パナソニックのレッツノートは、ノートパソコンにおいて国内シェア40％以上といわれています。軽量化による差別化に成功しています。

また、差別化は１つだけでなく、複数組み合わせることで付加価値が上がります。

レッツノートの場合、選べる天板、軽量化、そしてサービスの差別化として、定期メンテナンスの無料化があります。またインターネットで注文することで、周辺機器やアクセサリーの購入が簡単なのも魅力です。

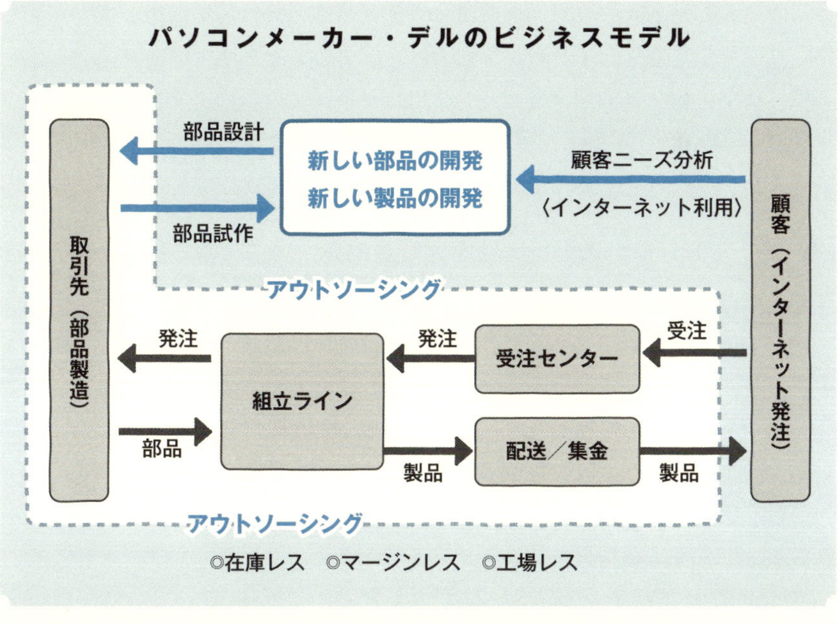

24 ブランドイメージとは何か

なぜ有名ブランドは類似のデザインにこだわるのか？

問題 シャネル、グッチ、ヴィトンなどのブランドは、長年にわたって類似のデザインにこだわっています。飽きられないのでしょうか。そろそろ思い切ったデザインに変更してみてはと思うのですが。なぜ、ブランドメーカーは、基本的なデザインを変えないのでしょうか？

回答 見ただけで識別できるイメージが大切

成功しているブランドメーカーは、イメージの差別化に成功しているといっても過言ではありません。商品を見ただけで、何のブランドなのかが識別できるほどイメージが浸透すれば、ブランド戦略は成功です。

一度定着したイメージを、消費者に変えさせるのは容易ではありません。また、せっかく定着したイメージを自ら打ち壊すことも賢明ではありません。そこで、長年にわたって類似のデザインにこだわっているのです。

攻めと守りは必要です。ブランドイメージを守りとすれば、攻めも重要です。カラフルな色のデザインを追加するなど、変化を見せることも大切です。

解説 イメージの差別化で生き残りを図る

◆高級ブランドはイメージの差別化に成功している

ヴィトンで人気の「モノグラム」は、江戸時代の家紋を参考にしたという人もいます。モノグラムを見ただけでヴィトンだとわかります。

またシャネルは「Cマーク」、グッチは「Gマーク」を基本デザインにしています。またベネトンは、原色の鮮やかなカラーで差別化をしています。

高級ブランドのように、メーカーがイメージの差別化をするのは容易ではありません。すでに忘れ去られたブランドも数多くあります。

温故知新で、新しいデザインにもチャレンジしながら、ブランドイメージを差別化していく生き残り戦略が求められます。

ちなみに、中国人もヴィトンが大好きなようです。香港に行くと、ヴィトンの専門店の前に長蛇の列ができている光景を目の当たりにします。入店制限をしているため、100名を超える人たちの行列が店の前にできているほどです。

◆差別化を目指しつつ一発屋に終わるお笑い芸人

お笑い芸人にも、イメージの差別化を目指しつつ一発屋に終わる人が多いようです。芸人がブレイクする場合、見た目で圧倒的な差別化をしている場合が多いようです。たとえば、小島よしお、髭男爵、オードリーの春日、ギター侍など、枚挙に暇がありません。

ただし一発屋で終わらないためには、トークが面白くなくてはいけません。また冠番組を持っている大物タレントに気に入られる必要があります。マンネリ化を防ぎつつ、生き残り戦略が必要となります。

また、たとえ一発屋で終わったとしても、一時期テレビで強烈な印象を残せば、地方の営業などをしながらその後も長く食べていけるそうです。これもブランドの力といえるかもしれません。

顧客が見ただけで識別できるのはイメージが差別化されているから

ヴィトンだ！
小島よしおだ！
グッチだ！
iPhoneだ！

25 カテゴリーキラー戦略

家電量販店に客を奪われた大規模スーパーの家電売り場

問題

マルダイスーパーは、７階建ての大規模な店舗展開をすることで、あらゆる商品が１店舗で揃うという、ワンストップ・ショッピングを売りに成長してきました。

しかし近年、近くに家電量販店が出店したため、お客の大半を家電量販店に奪われています。家電フロアの売上は、ピーク時の50%を下回っています。このままでは、赤字で家電フロアを維持できません。

どうすればいいのでしょうか？

回答　撤退を視野に入れるべき

家電量販店やおもちゃのトイザらスは、「カテゴリーキラー」と呼ばれています。カテゴリーキラーは、扱う商品のカテゴリー（分類）を絞り込んで、徹底した品揃えと安売りを仕掛けます。

扱う商品のカテゴリーを絞り込んでいるので、大量に仕入れることで仕入価格を低減させ、薄利多売を可能にします。

その結果、周辺のスーパーマーケットでは、当該カテゴリーの販売が激減するため、撤退を余儀なくされます。周辺の同じカテゴリーの店の殺し屋（キラー）になるので、カテゴリーキラーと呼ばれているわけです。

マルダイスーパーの場合、家電量販店ほどの家電の扱い量がなければ、仕入価格で負け、値引き競争に敗れるでしょう。

撤退を視野に入れるべきです。

解説　品揃えの差別化で勝負するビジネスモデル

◆徹底した品揃えと低価格を目指すカテゴリーキラー

品揃えの差別化をしているビジネスモデルが、カテゴリーキラーといわれている量販店です。家電量販店では、ヤマダ電機、ビックカメラ、ヨドバシカメラなどが有名です。

家電の品揃えに特化し、特化した分野では圧倒的な品揃えと低価格を目指します。

おもちゃの量販店でカテゴリーキラーに成功したのが、トイザらスです。おもちゃの分野においては、圧倒的な品揃えと低価格を実現して集客力を高めています。

◆カテゴリーキラーが強い理由

スーパーは、あらゆる生活用品が揃うことで差別化しています。一方カテゴリーキラーは、カテゴリーを絞り込むことを徹底しています。

量販店が出店すると、周辺のお店のカテゴリー（分野）のキラー（殺し屋）となります。そのため、これらの量販店は「カテゴリーキラー」と呼ばれているわけです。

例題のように、家電量販店が出店すると、近辺のスーパーの家電部門が販売不振で家電部門の撤退を余儀なくされます。また、トイザらスが出店すると、スーパーのおもちゃ部門が撤退を余儀なくされるのです。

カテゴリーキラーは、範囲を絞り込むことで、圧倒的な品揃えの差別化と大量仕入による価格の差別化を実現し、勢いを増しています。

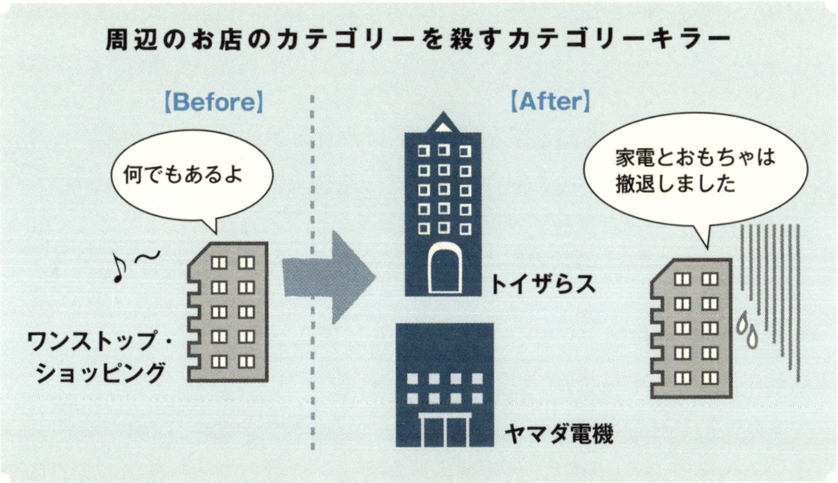
周辺のお店のカテゴリーを殺すカテゴリーキラー
【Before】
【After】
何でもあるよ
♪～
ワンストップ・ショッピング
トイザらス
ヤマダ電機
家電とおもちゃは撤退しました

26 コンビニに値下げは必要か

デフレ対策で値引きを考えるコンビニチェーン

問題

大手コンビニチェーンであるコンビニ丸中は、長引くデフレ経済で売上が伸び悩んでいます。そこで、経営会議で話題になっている議題は、「値下げしてでも売上拡大を目指すべきか？」というものです。

スーパーの安売りもあるし、価格面では、コンビニは不利な状況です。何かしらの打開策を考える必要があります。

やはりスーパーに対抗して、値下げによって集客数を上げるべきでしょうか？

回答　スーパーと競争すると自滅する

コンビニは、スーパーと同じ土俵で競争すると、自滅することになります。つまり、価格勝負をすると、薄利少売で赤字にまっしぐらです。

また、大手のコンビニが値下げをすると、他のコンビニチェーンが追随せざるを得ないため、業界全体が安売り競争から抜け出せなくなります。

コンビニは、コンビニエンス（便利さ）が差別化となっています。近場にあって、日用品が24時間購入できることが、コンビニの差別化なのです。ムリに価格の差別化をしないほうが賢明です。

近年のコンビニは、集客アップのためにスイーツに力を入れています。たとえばスイーツの品揃えの差別化など、打つべき手はほかにもあるでしょう。

解説　利便性で差別化したコンビニエンスストア

◆差別化のポイントは場所、品揃え、営業時間

コンビニの具体的な差別化項目は、場所、品揃え、営業時間です。

１つめの場所の差別化は、徒歩圏内にあるという近さです。徒歩５分以内での少額の買い物であれば、多くの人はわざわざ遠方のスーパーに買い物に出かけようとは思わないでしょう。

２つめの品揃えの差別化は、利用頻度が高い日用品に特化していることです。

たとえば、お弁当やパン、お菓子や飲料水、雑誌や小物など、利用頻度が高い日用品に特化することで、わずか40坪前後でも十分な品揃えができます。また、適度な狭さが商品を探しやすいというメリットになります。

３つめの営業時間の差別化は、24時間営業、年中無休です。もともとコンビニの創業理念は、買い置きとか、冷蔵庫で保管しなくても、いつでも食べられる状態で準備しておくというものでした。つまり、コンビニが「家庭の冷蔵庫代わり」になるというわけです。

◆ 24時間営業のイオンの近くでつぶれたナチュラルローソン

ところで、営業時間の差別化は、一部のスーパーでも始めています。たとえば、イオンでは１階の食品部門だけを24時間営業する店舗が増えつつあります。

以前、24時間営業のイオンのすぐ近くに、ナチュラルローソンが新店をオープンさせました。どうなるか気にしていたところ、４ヶ月でナチュラルローソンが撤退しました。営業時間と立地がほぼ同じ条件では、値引きをしないコンビニは完敗でした。

コンビニの差別化は「場所」「品揃え」「営業時間」

27

高級路線と低価格路線の使い分け

アウトレットモールは、なぜ郊外にばかりあるのか？

問題 アウトレットモールは、御殿場、軽井沢、幕張、南大沢など、大都市からやや遠方に建設されます。もっと近くに出店してくれたほうが、ありがたいと考える人も多いのではないでしょうか。

なぜアウトレットは郊外にあるのでしょうか？

回答 ブランドの値下がりを加速させないため

広大な土地が必要なアウトレットモールは、土地の価格の問題で郊外にならざるを得ないと考える人も多いかもしれません。

確かに店舗運営費が安いというメリットはあります。

しかし最も大きな理由は、ブランドメーカーの商品は値崩れを防ぐために、正規店と競合しない郊外でなければ安売りができないためです。また郊外の市町村にとっては、アウトレットができることで、周辺の地域が活性化するというメリットがあります。

解説 価格の差別化という２つの戦略

◆高級ブランドはスキミング戦略（上澄み戦略）

価格の差別化には、大きく２つの戦略があります。高価格で勝負するか、低価格で勝負するかの２つです。なお、中間価格で勝負すると、多くの場合、低価格の競合に勝てません。

高級路線を目指す価格戦略をスキミング戦略といいます。スキミング戦略は、新しいもの好きや富裕層をターゲットとします。高価格を設定することで、先行者利益を獲得し、新製品開発費を早期に回収しようとする戦略です。

スキミング戦略は、上澄み戦略、初期高価格戦略ともいわれます。高価格であっても購入者が現れることが期待できることが重要なので、高級ブランドメーカーがよく使う価格戦略です。

問題中に紹介した郊外にアウトレットを出店するブランドメーカーは、高級路線を目指しているため、スキミング戦略をとっているといえます。

◆量販店はペネトレーション戦略（普及戦略）

市場シェアの早期獲得を狙いとして、あえて低価格を設定することをペネトレーション戦略といいます。ペネトレーション戦略は、市場の底辺方向への普及を考えるもので、低価格で量を稼ぎます。

一般的に、市場の普及率が一定量を超えた段階で展開すべきだといわれています。

当然、普及価格は低くなるので、コスト低減と合わせて普及戦略を練っていくことになります。

ペネトレーション戦略で成功した例は、アップル社のiPhone、iPadなどです。

またソフトバンクは、過去にヤフーＢＢの端末機を無料配布するなど、ペネトレーション戦略が上手い会社です。電子機器や家電製品の多くは、ペネトレーション戦略を用いています。

スキミング戦略とペネトレーション戦略

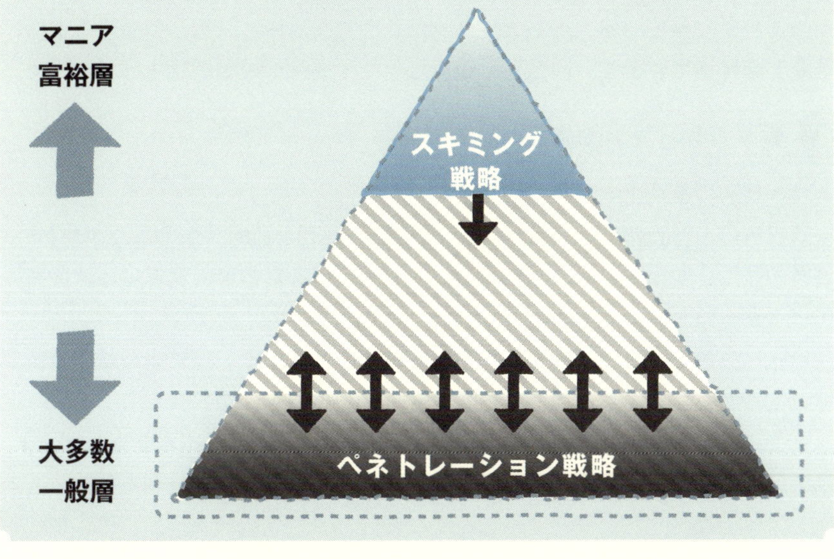

28

サービスと情報活動の差別化戦略

雨が降ると手提げ袋にビニールをかぶせてくれる銀座のお店

問題

銀座で雨の日に買い物をすると、手提げ袋にビニールをかぶせてくれます。また有名百貨店も、ビニールをかぶせてくれます。

スーパーはエコバッグ持参で、レジ袋廃止の風潮があります。一方、銀座や百貨店では、なぜ手間もコストもかけて、丁重にビニールをかぶせてくれるのでしょうか？

回答 手提げ袋でイメージを差別化している

高価なモノを扱っているから、雨に濡れさせたくないという配慮があることは確かです。一方、戦略的な見方をすれば、サービスで差別化していると考えることができます。

ちなみに百貨店は、包み紙や手提げ袋で、イメージの差別化をしています。そのため、知っている人であれば、見ただけで高島屋、三越、伊勢丹の手提げ袋などを識別できます。同様に、銀行は色でイメージの差別化をしています。

解説 サービスと情報活動の差別化

◆サービスの差別化を目指す百貨店

百貨店は、富裕層を狙ったスキミング戦略（上澄み戦略）が基本なので、サービスの差別化が重要です。年間何千万円も利用する富裕層の顧客には、専門の担当者をつけることもあるようです。

サービスの１つとして、買い物袋を差別化しています。百貨店の紙袋を持っていることでプライドを満たされる人も多いようです。

たまに地下鉄で、百貨店の袋を両脇に抱えて帰宅している人を見かけます。本人は「こんなに買い物をしたのよ」なんて考えているかもしれません。

◆情報活動の差別化を目指すソフトバンク

ソフトバンクはもともと、ソフトウェアのパッケージを書店に流通させることが本業でした。

書籍の書店流通は、トーハンと日販で寡占状態でした。しかしソフトウェアを箱に詰めたパッケージは、書店流通を仕切る問屋がありませんでした。そこでソフトバンクが、ソフトウェア販売で収益をあげたのです。

米国ヤフーの早期買収もあり、ネットワークにおける情報活動の差別化を目指したのがソフトバンクです。ネットワークにおいては、常にナンバーワンを目指しています。

インターネットと携帯電話を使った情報活動の差別化

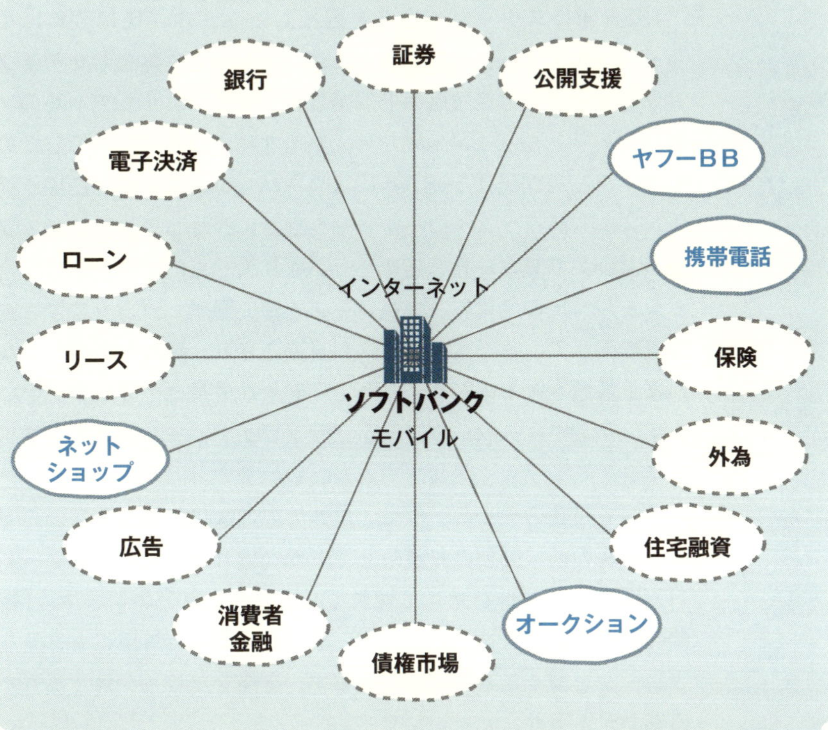

スターバックスの成長戦略「成長の前に必要な投資」

人魚のイラストで有名なスターバックスは、売上100億ドルを超えるグローバル企業です。会長兼社長兼最高経営責任者はハワード・シュルツ氏です。

スターバックスは、1971年にシアトルで開業。当時はコーヒー焙煎の会社にすぎませんでした。1982年にゼロックスを退社したハワード・シュルツ氏が入社し、コーヒー豆のみならず、エスプレッソを主体としたドリンク類の販売を社に提案しました。

ハワード・シュルツ氏がエスプレッソを提案するきっかけとなったのは、イタリアへの旅行でした。エスプレッソのコクのある味、そして家庭的なイタリアのカフェは、シュルツ氏にとって衝撃的な出会いでした。

当時の米国は、薄味のアメリカンコーヒーが主流でした。そこでシュルツ氏は、味の差別化として、米国にエスプレッソを導入したのです。

1985年にスターバックスを退社したシュルツ氏は翌年にイル・ジョルナーレ社を設立し、エスプレッソを主体としたテイクアウトメニューの店頭販売を開始しました。これがシアトルの学生やキャリアウーマンの間で大人気となり、瞬く間に流行したのです。シュルツ氏は1987年にスターバックスの店舗と商標を購入、スターバックス・コーポレーションに改称してスターバックスのブランドでコーヒー店チェーンを拡大したのです。

シュルツ氏の名言に「成長がミスを覆い隠す」があります。企業が成長しているときは、ミスが見過ごされ、問題が顕在化しないまま放置されるのです。これでは健全な成長はできないといいます。そこで、人材、システム、サプライチェーン、ＩＴのすべてにタイミングよく投資すべきだといいます。

そして投資のタイミングは、成長の前でなければならないのです。成長の前に必要な投資をしておかなければ、ムリが重なってゴム紐のように伸びきって切れてしまうからだといいます。「戦略の結果、成長がある」のです。また経営者は、外部にも有能なブレーンを置くことを説いています。有能なブレーンは、優れた直感力があるからだといいます。

第4章

ナンバーワンになれないのなら意味がない

29 なぜナンバーワンを目指すのか

日本で二番目に高い山は？米国の副大統領は？

問題

日本で一番高い山は、富士山ですね。では、二番目に高い山は、どこでしょうか？

日本一大きな湖は琵琶湖ですね。では、二番目に大きな湖はどこでしょうか？

米国の大統領は、オバマ大統領ですね。では、米国の副大統領は誰でしょうか？

みなさんは、会社の専務の名前を、すぐに思い出せますか？

回答　ナンバーツーでは認知されにくい

ナンバーワンの名前はすぐに思い出すけれど、ナンバーツーの名前が思い浮かばないことはありませんか？

日本で二番目に高い山は、「北岳」です。日本で二番目に大きな湖は茨城県にある「霞ヶ浦」です。米国の副大統領は、「ジョセフ・バイデン氏」です。

事業仕分けのときの「２位じゃダメなんですか？」という発言が話題となりました。これに対する答えは「ナンバーツーだと、誰も注目してくれないから」です。

ナンバーツーになるくらいなら、やらないほうがいい。ソフトバンクの孫正義社長もこう発言しています。

解説　ナンバーワンとナンバーツーの格差

◆一番乗りのメリット

最近開業した634 mの東京スカイツリーは、自立式の電波塔として世界一の高さ。ナンバーワンは注目される存在ですが、いつかは記録を更新されるでしょう。

企業においては、ナンバーワンを守り抜く努力が必要です。ナンバーワンになって安心していると、別の企業に抜かれます。

ナンバーワンを「一番乗り」と考えることもできます。同じやるなら一番乗りのほうが、その市場での知名度が上がります。

たとえば、コピー＝ゼロックス、洗浄便座＝ウォシュレットと、企業名や商品名が代名詞になっているケースもあります。**一番乗りは、顧客や世の中に対しても記憶に残る存在になれるのです。**

◆ナンバーワンがムリなら、特徴あるナンバーツーを目指せ

米国と旧ソ連の宇宙用ロケットは、まさにナンバーワンを競っての開発競争でした。

旧ソ連がはじめて有人飛行を成功させたため、米国は1960年代に月に人類を送るというアポロ計画を急遽発表しました。宇宙用ロケットの開発は、ナンバーワンでなければ、国の威信が示せなかったのです。

どうしてもナンバーワンになれないのであれば、一歩譲って特徴あるナンバーツーを目指すという方法もあります。ベストではありませんが、差別化で特徴を出すことで、顧客に認知される存在を目指すのです。

いずれにせよ、顧客に商品を購入してもらうためには、少なくとも認知された存在でなければならないのです。

ナンバーワンとナンバーツの格差は？
日本で２番目に
高い山は？
米国の副大統領は？

30 ニッチ戦略でナンバーワンを目指す

オリンパスが内視鏡世界シェア70%獲得に成功した理由

問題

オリンパスの医療用内視鏡システムは、世界シェア70%以上を獲得しました。なぜ、世界シェア70%以上を獲得できたのでしょうか？

なお、医療機器メーカーの資本力では、ＧＥ（ゼネラルエレクトリック）、シーメンス、フィリップスが世界的にビッグ３です。

回答 ニッチでナンバーワンを目指せ

資本力が小さい会社は、大資本の会社と真っ向勝負をしていたのでは太刀打ちできません。商品開発力、マーケティング力でも、大資本の会社が有利です。

小資本が大資本に立ち向かうためには、大資本が注目していない分野を狙い撃ちするのが賢明です。

大資本が注目していない分野であれば、競争が激しくないから、小資本でも勝算があるのです。大資本が注目していない分野で将来性がある分野をニッチ（すき間）市場といいます。

ニッチ市場をこまめに開拓して、将来メジャーな市場を目指すのがニッチ戦略です。オリンパスでは、内視鏡を胃カメラ以外の用途の手術に用途拡大することで、高いシェアを獲得できたのです。

解説 少ない経営資源でナンバーワンを目指す方法

◆競争が激しくない市場を見つけて進出する

ニッチ（すき間）を狙うことで、少ない経営資源で成果を手にすることができます。

たとえば以前、「食べるラー油」が大ヒットしましたが、食べるラー油が注目されていない段階から市場開拓しておけば、市場が拡大したときに勝負をかけられます。

しかし、すでに大きくなった市場は、大資本も進出するため、後発参入は困難です。ニッチ市場だからこそ、小資本でも攻略が容易なのです。

◆将来メジャーな市場に育てていくニッチ戦略

ニッチ市場の段階では、市場が小さい半面、競合が少ないため競争も激しくありません。このニッチ市場を開拓して、将来的にメジャーな市場に育てていくのがニッチ戦略です。

メジャーな市場になると、シェア（市場占有率）を高めるために、大資本も新規参入して競争が激しくなります。今まで蓄積した特許やノウハウを活かして、築いてきた市場を守り抜く必要があります。

新規参入が増えることは、小資本にとっては苦痛ですが、別の見方をすると魅力ある市場に育ったと考えるべきです。先見の明があったわけで、ニッチ戦略としては成功です。

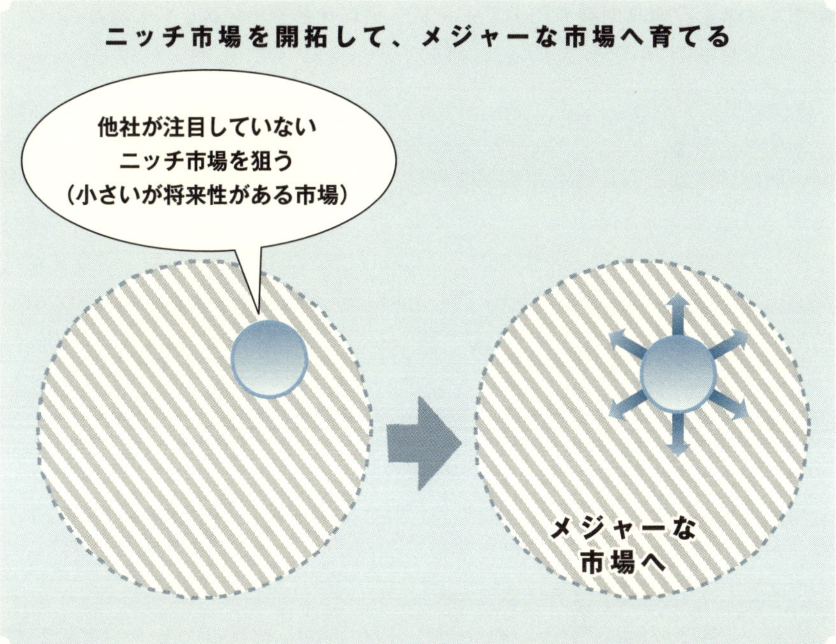
ニッチ市場を開拓して、メジャーな市場へ育てる
他社が注目していない
ニッチ市場を狙う
（小さいが将来性がある市場）
メジャーな
市場へ

31

商品ナンバーワン戦略

コマイ電機がパソコン分野でナンバーワンになる方法は?

問題

コマイ電機は、パソコンでナンバーワンを目指そうとしたのですが、デルやＨＰ（ヒューレット・パッカード）にはとうてい勝てません。そこで、携帯用の軽量ノートパソコンでナンバーワンになろうとしたのですが、パナソニックに勝てそうもありません。

さて、どうすれば、ナンバーワンになれるのでしょうか？

回答 商品がダメなら、部品、素材でナンバーワンになる

どの分野でナンバーワンになるかという指針の１つが、商品ナンバーワン戦略です。商品の範囲を絞り込んでナンバーワンを目指します。たとえば、トラックで、大型車で、小型車で、消防自動車でというように、範囲を絞ってナンバーワンを目指します。

しかし、商品でナンバーワンになれない場合は、どうすればいいのでしょうか。商品がダメなら、部品や素材でナンバーワンを目指せばいいのです。たとえば、液晶ユニットでナンバーワンになる、液晶の部品やフィルムなどの素材でナンバーワンになる、半導体でナンバーワンになるなど、範囲を絞ります。

どの部品、素材でナンバーワンになるのかを決め、どうすればいいかを考えるのです。

解説 小さくてもいいからナンバーワンを目指せ

◆限定した商品分野でナンバーワンを狙う

商品全体でナンバーワンになるためには、かなりの資本力が必要です。また既存市場ではすでにナンバーワン企業が存在するので、商品全体でナンバーワンになることは容易ではありません。

そこで、特定の商品群でナンバーワンになることを目指します。たとえば、

テレビ全体で勝てなければ、液晶テレビかプラズマテレビでナンバーワンを目指します。シャープは、液晶テレビでナンバーワンを目指しました。

液晶テレビの市場でナンバーワンがムリであれば、液晶ユニットでナンバーワンを目指します。それもムリなら、液晶材料でナンバーワンというふうに範囲を限定します。

限られた経営資源でナンバーワンを目指すのですから、身の丈に合った範囲をターゲットに選択します。

◆新しい分野でナンバーワンを狙う

新しい分野でナンバーワンを目指すのも一案です。たとえば楽天は、インターネットの便利さにいち早く着目し、ネット販売を始めました。時代を味方にしたのです。

新しい分野でナンバーワンになるとマスコミが注目してくれます。ニュースや雑誌でビジネスを紹介してくれれば、無料で広告ができます。時代の変化を追い風にするのです。

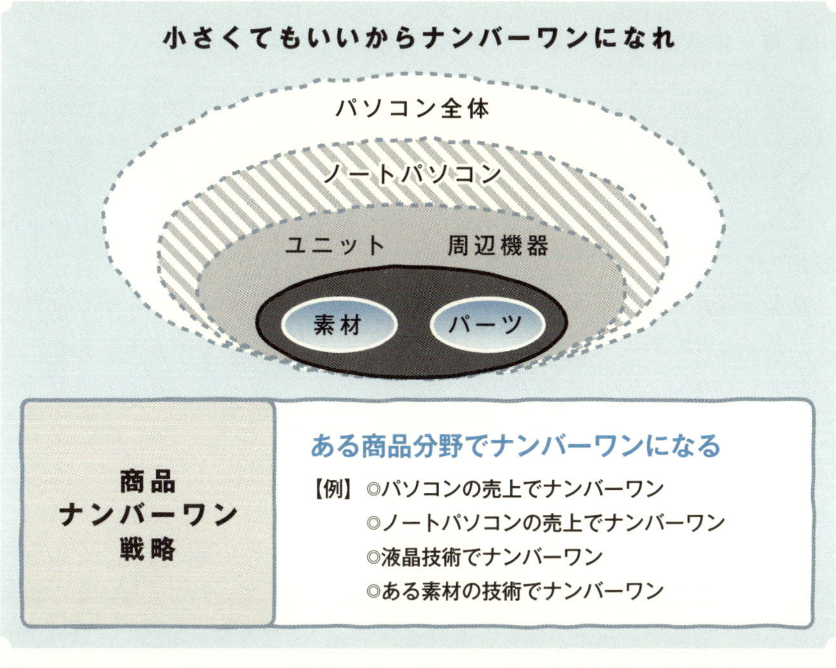
小さくてもいいからナンバーワンになれ
パソコン全体
ノートパソコン
ユニット
周辺機器
素材
パーツ
商品
ナンバーワン
戦略
ある商品分野でナンバーワンになる
【例】◎パソコンの売上でナンバーワン
◎ノートパソコンの売上でナンバーワン
◎液晶技術でナンバーワン
◎ある素材の技術でナンバーワン

32 顧客ナンバーワン戦略

取引先から新製品情報ももらえず、いつも後発の部品メーカー

問題

中田パーツ株式会社は、自動車メーカーに部品を納めています。しかし、自動車メーカーへの営業努力が足りないせいか、新車開発の情報が入ってきません。その結果、競合に新車開発時の部品製造の先手をとられ、いつも後発になってしまいます。

後発で部品を開発すると、必ず価格競争が起きて、開発費が回収できないくらい値下げ要求をされます。

そこで、自動車メーカーの新車開発の情報がもっと入るように、営業部門の増員を考えましたが、はたしてそれが最善策でしょうか？

回答 顧客になくてはならない存在を目指すほうが先決

部品メーカーのようなＢ２Ｂ（企業同士の取引関係）のビジネス形態では、顧客ナンバーワン戦略を重視します。顧客ナンバーワンとは、競合に比べて取引額ナンバーワンになることです。

顧客にとってなくてはならない存在になることで、顧客の今後の新製品情報が自然に入るようになります。

たとえば、２年後に新車を発売したい場合、新技術が必要になったとします。顧客の自動車メーカーは、最も信頼できる部品メーカーに最初に相談するでしょう。

解説 後発メーカーがナンバーワンになる方法

◆ナンバーワンのシェアを獲得する

顧客ナンバーワン戦略は、ある顧客の取引金額を、その顧客と取引がある同業他社に対して、ナンバーワンのシェアにする戦略です。たとえば、ある顧客１社の電子部品の仕入先実績を、他の電子部品の同業他社に比べて、自社がナ

ンバーワンのシェアになるよう占有します。

トップのシェアを占有することで、顧客への影響力を強めることができます。その結果、顧客にはなくてはならない会社になり、密接な取引関係が維持できるのです。

◆顧客ナンバーワンになると、情報が集まってくる

特に産業財メーカー（部品メーカーなど）は、顧客ナンバーワンになるべきです。顧客から認知され、顧客にとってなくてはならない存在を目指すことは、産業財メーカーの基本戦略といっても過言ではありません。

顧客ナンバーワンになると、取引先から情報が集まってきます。営業力を高めなくても、技術力や商品（部品や素材）の魅力によって、取引関係が継続するのです。

ただし顧客ナンバーワンを維持するためには、顧客からの厳しい要求に応え続けることが不可欠です。顧客の厳しい要求に応えることで、技術や商品が進歩するのです。

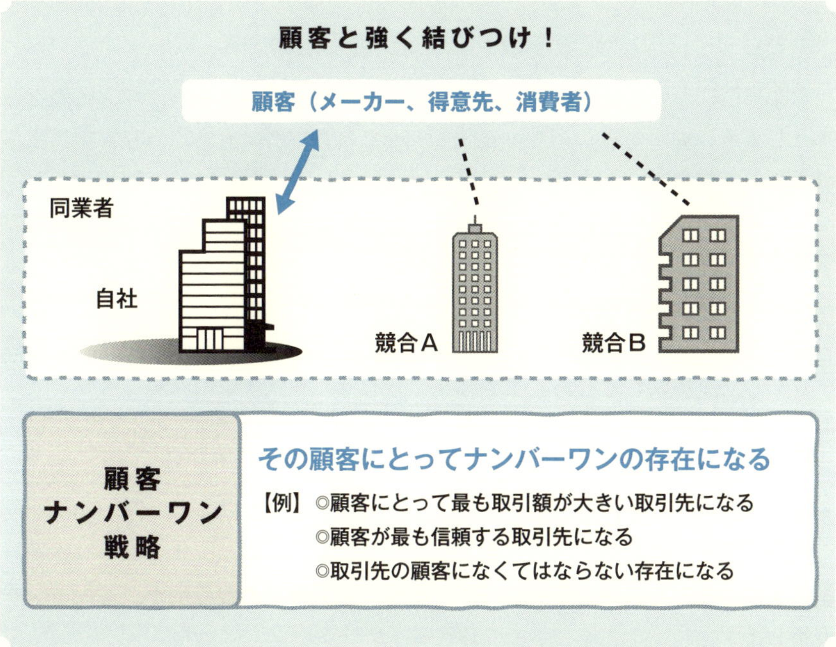
顧客と強く結びつけ！
顧客（メーカー、得意先、消費者）
同業者
自社
競合A
競合B
顧客
ナンバーワン
戦略
その顧客にとってナンバーワンの存在になる
【例】◎顧客にとって最も取引額が大きい取引先になる
◎顧客が最も信頼する取引先になる
◎取引先の顧客になくてはならない存在になる

33

地域ナンバーワン戦略

本社からの営業ノルマが厳しい建設会社の地方営業所

問題

ノルマ建設では、毎年本社から厳しい営業ノルマが課せられます。ノルマ建設のライバル会社は、マモルホームです。ノルマ建設とマモルホームは、同業者間で1、2位を争っています。本社としては、マモルホームに勝てばナンバーワンになれるというのです。

しかし営業にも言い分があります。地域によっては、どうしても競合のマモルホームにはかなわない営業所もあります。自分の地域は、マモルホームに勝てなくてもいいと弱気になっている営業所もあるのは事実です。

すべての営業所でナンバーワンを目指すべきなのでしょうか？

回答　すべての同業地域の中でトップを目指すべき

営業部門においては、地域の中でトップを目指す地域ナンバーワン戦略を基本とします。ですから、ノルマ建設もすべての営業所でナンバーワンを目指すべきなのです。

自分の地域だけはナンバーワンでなくてもいいと考えると、全国で合計してもナンバーワンにはなれません。各地域がナンバーワンであれば、全国で合計してもナンバーワンになります。

コンビニのローソンは、約10年前に「チキバンバン、地域で一番」というテレビCMを放映しました。まさに文字どおりの地域ナンバーワン戦略です。

解説　身内と戦ってでも「地域ナンバーワン」を目指す

◆地域ナンバーワン戦略とは

地域ナンバーワン戦略は、限定した地域で他社に圧勝し、ナンバーワンを目指します。たとえばコンビニは、地元密着型の業種なので地域ナンバーワンを目指します。

ところで、セブン - イレブンの敵はどこかご存じでしょうか？　セブン - イレブンの敵は、セブン - イレブンです。

同じ駅の周りにセブン - イレブンが２店舗出店する場合もあります。同じセブン - イレブン同士で戦わせて、ナンバーワンを目指せというのです。

このように**業界トップになると、慢心を戒めるために、自社の敵は自社という場合があります。**たとえばトヨタの敵はトヨタだそうです。さまざまな車種がある中で、各車種がナンバーワンの売上を目指すのです。

◆エリアDEワンのロイヤルリゾート

不動産会社で、地域ナンバーワンをアピールしている会社もあります。リゾートを中心とした不動産仲介会社のロイヤルリゾートです。ロイヤルリゾートでは、「エリアDEワン」をスローガンにしています。

ロイヤルリゾートの営業地区は、熱海、箱根、伊豆、軽井沢の４拠点です。各拠点で同業他社に対して、ナンバーワン宣言をすることで、社内での団結力を高める意図が読み取れます。

すべての地域でナンバーワンを目指せ

地域ナンバーワン戦略

地域の同業者の中でナンバーワンになる

【例】◎同一営業地区内の同業種で売上ナンバーワン
◎地域で最も信頼される企業になる
◎その地域になくてはならない存在になる

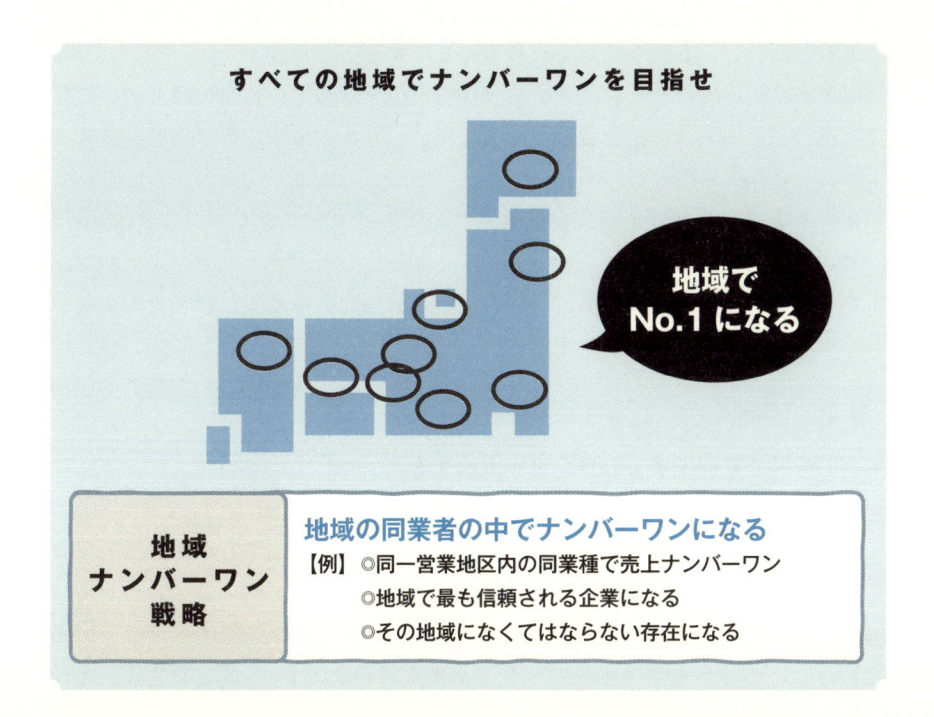

34 3Sでナンバーワンを目指す

戦略の本質「選択と集中」って、ドウイウコト？

問題 ナヤミ君は、以前先輩に「戦略って何ですか？」と聞いたことがあります。そのとき先輩は、「選択と集中だよ」と答えてくれた記憶があります。その日からナヤミ君は、新聞記事を読んでいても、「選択」「集中」という言葉が目にとまるようになりました。

しかし、実際のところナヤミ君は選択と集中というのがよくわかりません。もう少し深く知りたいと考えています。

回答 選択と集中、それに差別化を加えて考える

選択とは、どこで戦うのかを決めることです。

たとえば、前出のオリンパスであれば内視鏡を「選択」したわけです。そして、選択した領域に、経営資源（ヒト・モノ・カネ・情報）を「集中」させてナンバーワンを目指すのです。

選択と集中、それに差別化を加えると完成度は上がります。これを、「選択—差別化—集中」（３Ｓ）で考えます。

勝ちをとりに行く領域を選択して、競合と差別化を考えて、経営資源を集中してナンバーワンを目指します。

解説 差別化された存在になるためには

◆どの分野で差別化するのかをまず選択する

戦略の定石として有名なのが、「選択と集中」です。

一方で、顧客に最初に思い浮かぶブランドとして認知してもらい、指名買いしてもらうためには、差別化が不可欠です。

そこで、選択と集中と差別化を組み合わせて、「選択—差別化—集中」にまとめることができます。すべてサ行で始まる言葉なので、「戦略の３Ｓ」と覚

えておきましょう。

◆３Ｓの順番でナンバーワンを実現する

選択するということは、何かを捨てることでもあります。戦略とは、「やるべきことを決めると同時に、やらないことも決めること」でもあります。重点領域を選択することで、ターゲット目標を明確化します。

次に差別化ですが、他社のモノマネでは差別化になりません。他社に類がないほど優れた差別化はオンリーワンです。できればオンリーワン（質的に比較するものがない唯一のもの）を目指したいものです。

選択と差別化目標が決まったら、目標を達成するために経営資源を集中して、ナンバーワンを目指します。

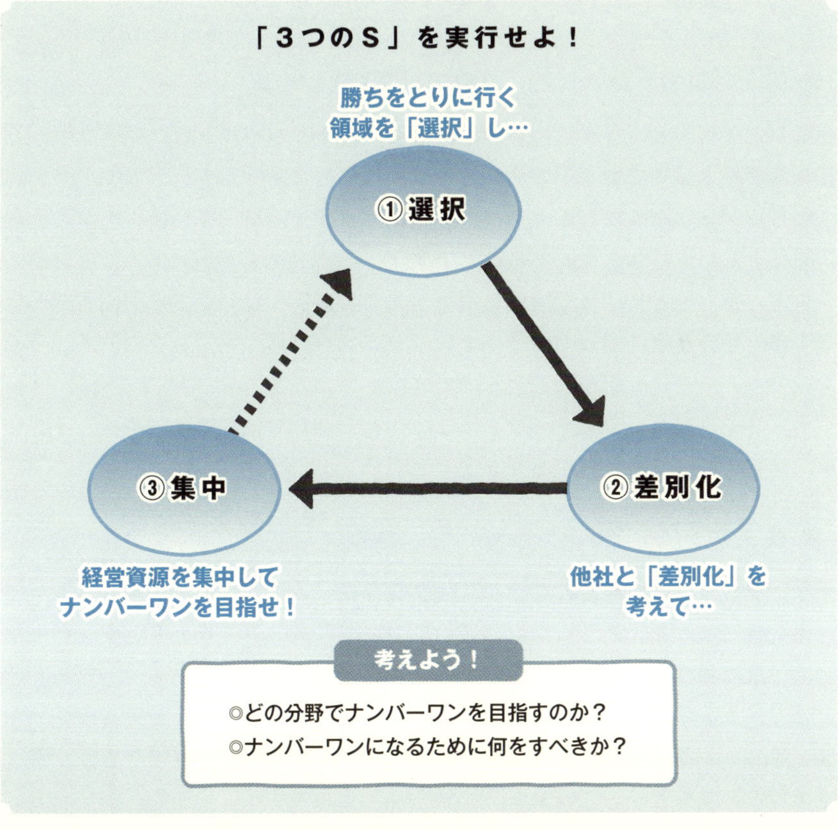
「３つのＳ」を実行せよ！
勝ちをとりに行く
領域を「選択」し…
①選択
②差別化
他社と「差別化」を
考えて…
③集中
経営資源を集中して
ナンバーワンを目指せ！
考えよう！
◎どの分野でナンバーワンを目指すのか？
◎ナンバーワンになるために何をすべきか？

35

オンリーワン戦略

ナンバーワンとオンリーワン、いったい何がどう違うのか？

問題

ナンバーワンはよく耳にしますが、同時にオンリーワンという言葉も耳にします。

一時期大ヒットした歌でも、人はもともとオンリーワンなので、ナンバーワンを目指さなくてもいいと歌われていました。

ナンバーワンとオンリーワンは、何が違うのでしょうか？

回答 「量のトップ」と「質のトップ」という違い

「量」と「質」という2つの尺度があります。ナンバーワンは、売上を中心とした量でのトップです。一方オンリーワンは、質におけるトップです。

どちらが重要なのでしょうか？　答えは、オンリーワンを目指しながら、最終的にナンバーワンを達成することです。

まず、勝ちをとりに行く領域を選択します。選択した分野で差別化するわけですが、そのときに選択の分野でオンリーワンを目指します。その結果、その領域でナンバーワンが達成できるのです。

オンリーワンからナンバーワンになった企業としては、アップル社、インテル、マイクロソフトなどがあります。

解説 ナンバーワンとオンリーワンの違い

◆オンリーワンは比較されないユニークな存在

ナンバーワンとオンリーワンの違いについて考えてみましょう。ナンバーワンは、量におけるトップです。つまり売上高でのトップです。

一方、オンリーワンは質におけるトップです。オンリーワン企業、オンリーワン商品という言い方があります。オンリーワンは、他に比較できるものがないユニークさを意味しています。

オンリーワンになると何がいいかといえば、質的に対抗できる競合がいないわけですから、市場の主導権が手に入ります。自社に都合がいい方向に市場を誘導することができます。

たとえばマイクロソフトは、自社に都合がいいようにWindowsの仕様を変更して買い換えを促しています。

◆オンリーワン商品、オンリーワン企業の例

オンリーワンで成功しているのが、高級ブランドメーカーです。たとえば、エルメスの高級バッグの「バーキン」は、100万円以上でも喜んで買う顧客がいます。まさにオンリーワン商品の成功例です。

また、iPad、iPhoneなどのヒット商品を連発しているアップル社の製品はオンリーワン商品であり、アップル社はオンリーワン企業といえます。

オンリーワンを目指すことで、価格主導権と認知度が上がり、市場を自社に有利な方向に誘導することができます。

ただし、顧客を圧倒的に惹きつける魅力度と商品の完成度が必要であることはいうまでもありません。

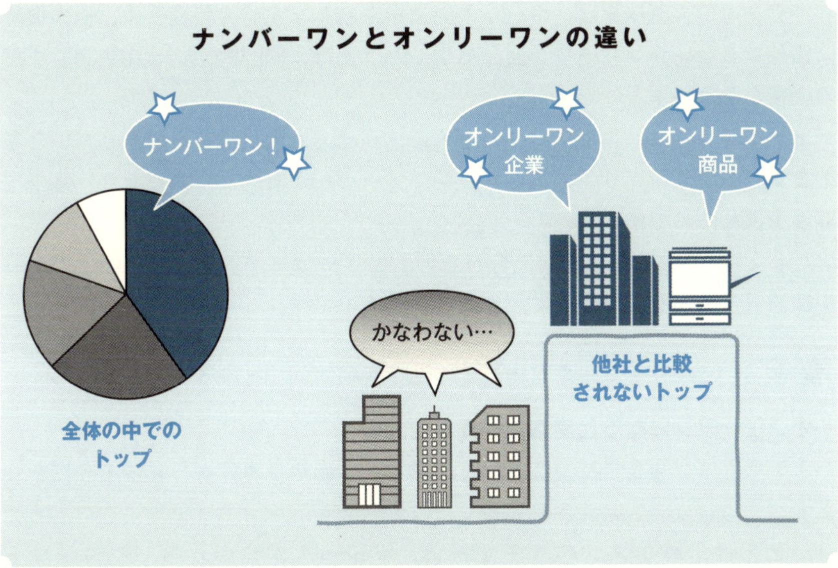

36 オンリーワンからナンバーワンへ

パチンコメーカーはなぜ高価格で機器を販売できるのか？

問題

現在は買い手市場の時代といわれます。買い手市場とは、売り手が弱く買い手が力を持つ市場のことです。たとえば、家電メーカーの立場が弱く、買い手の量販店や消費者の力が強いということです。

しかしその現在でも、パチンコ業界は売り手市場といわれています。売り手のパチンコメーカーが強く、買い手のホール（パチンコ店）が弱い立場です。パチンコメーカーは、パチンコ機器の価格主導権を握っています。買い手であるホールの値下げ要請に屈しないようです。

なぜパチンコメーカーは、価格主導権を握れるのでしょうか？

回答　オンリーワン商品だから、価格主導権を握れる

パチンコの人気機種は、ホールの売上を左右します。人気機種は、他の機種に代替できないオンリーワン商品です。たとえば、「北斗の拳」「海物語」などの機種がそうです。

ホールとしては、集客アップのために、高くても人気機種を導入したいと考えます。つまり、売り手であるパチンコメーカーが有利な立場になり、価格主導権を握れるのです。

たとえば、「生産台数が間に合わない」とメーカーがいえば、買い手のホールは値引き交渉なしでも手に入れたいと思うのです。

解説　オンリーワンを目指してナンバーワンに向かう

◆オンリーワンになると価格主導権がとれる

オンリーワン商品を持つことに成功すると、価格主導権がとれるようになります。

たとえば、パソコンのユーザーは、Windowsが高いから、他のソフト

ウェアにしようと思っても代替品を探すのが困難です。ビジネス社会ではWindowsが主流なので、他のＯＳ（基本ソフト）を使うのは不便です。

とはいえ、オンリーワン商品は、永遠にオンリーワンを維持できるわけではありません。競合他社も代替品を作ることで新しい分野でオンリーワンを目指そうとします。

パソコンのインターネット機能の代替品として登場したのが、iPadやスマートフォンです。インターネットだけを使いたい人には、持ち運びに不便なパソコンではなく、携帯性に優れたiPadやスマートフォンで十分です。

◆オンリーワン市場で実力を蓄える

オンリーワンを目指すことで、ナンバーワンを達成するという考え方が自然です。**差別化を明確にしたオンリーワンを実現することで、その分野でナンバーワンを目指すのです。**

このとき、ナンバーワンになった市場で新しい用途開発、需要拡大をすることで、ニッチな市場をメジャーな市場に引き上げます。

たとえば、かつてカップ麺は家庭に認知されていなかったのですが、日清食品はカップヌードルの開発と宣伝で一般的な食品として普及させることに成功しました。

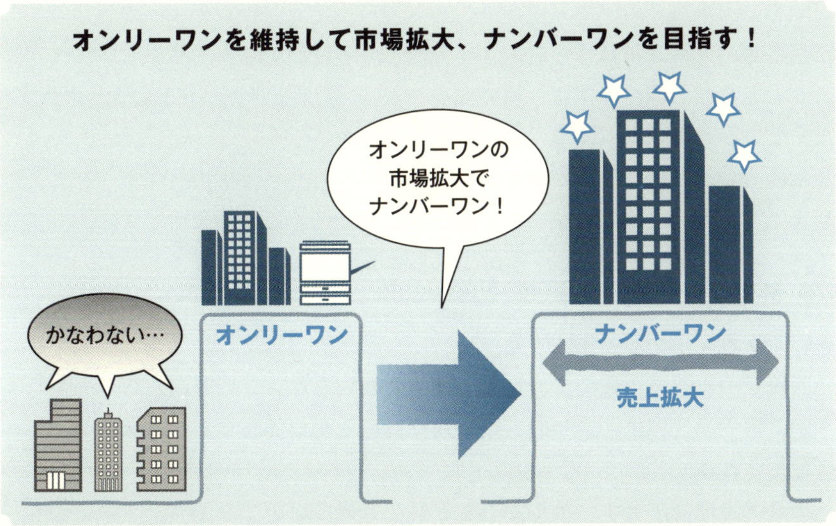

37

ブルーオーシャン戦略

他人と違うことに不安を感じるカワリ君

問題

カワリ君は人と違うことに、劣等感を抱いています。たとえば、人より声が大きいとか、繊細さがないといわれます。しかし、度胸や新しいことに前向きに取り組む姿勢は、人一倍あると自負しています。

最近人事異動があり、「お前は変わり者だ」と新しい上司にいわれました。それからというもの、カワリ君は自信がなく落ち込み気味です。

回答 人と違うことを大切にすべき

「他人と違う面があるから、自分がある」と考えればいいのです。他人とまったく同じであれば、平凡な存在になってしまいます。

「他人と違うことをしているから、新しいことができる」と考えてみてはいかがでしょうか。

私自身、入社５年目くらいに、変人だといわれた経験があります。プロジェクトで週２回訪問する関連会社の部長から、「君は３シグマ（千に３つの確率）だ」といわれました。簡単にいえば変人ですね。

私はその部長に「部長がすでに３シグマだから、私は平均値です」と答えたものです。人と違う部分を、いい面に伸ばしていくことが大切です。

解説 オンリーワン戦略の究極、ブルーオーシャン戦略

◆機能満載を求めると失敗する

陸海空のすべてで使えて、世界一速い乗り物を作れといわれたらどうでしょうか。世界一速い車、かつ船、かつ飛行機を１台で実現するというリクエストに応えられるでしょうか。

それは無理な話です。重くてそもそも空を飛ばないでしょう。さらに、もう

１つの条件が加わります。それは、世界一安い値段で作れと。しかし、それはばかげた目標だと思うでしょう。

しかし多くのメーカーでは、実際にこのような発想で商品開発をしているのです。機能満載、高品質、そして低価格を１機種で同時に達成しようと、日夜、真剣に考えているのです。

その結果はどうなるでしょうか。機能満載、高品質ながら、高いと売れないので安値販売を余儀なくされます。結果は大赤字です。さらに製品が複雑になればなるほど、開発に時間がかかります。海外企業とのスピード勝負にも負けるのです。

◆競争がない市場を拓くブルーオーシャン戦略

ブルーオーシャン戦略は、競争がない市場を開拓していく経営戦略です。競合と戦って血を流すレッドオーシャン（血の海）ではなく、戦いが起きないブルーオーシャン（青い海）を目指す重要性を説いています。

ただし、ブルーオーシャンを切り拓くことに成功しても、時間が経てば競合他社がビジネスモデルを模倣し、レッドオーシャンに変化するおそれもあります。常に新しい市場を開拓することが大切です。

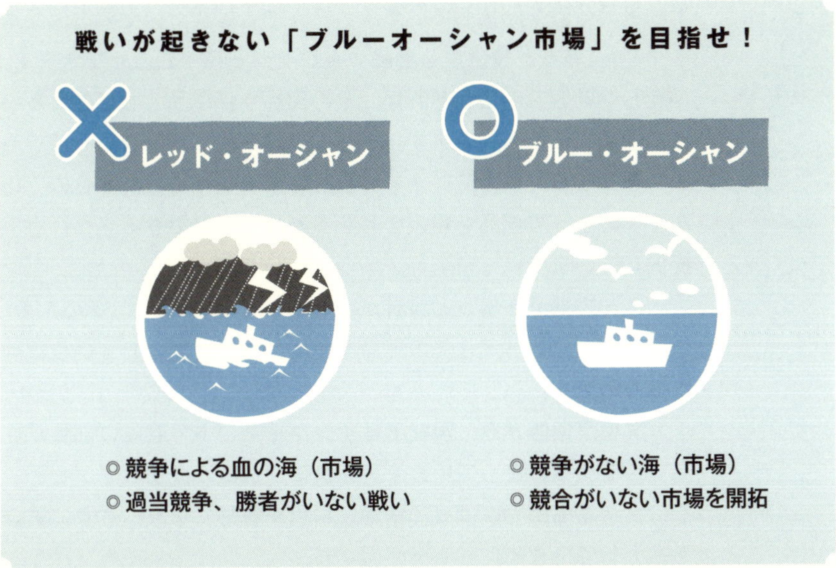
戦いが起きない「ブルーオーシャン市場」を目指せ！
レッド・オーシャン
ブルー・オーシャン
◎競争による血の海（市場）
◎過当競争、勝者がいない戦い
◎競争がない海（市場）
◎競合がいない市場を開拓

機械部品をカタログで販売、圧勝のミスミ

株式会社ミスミグループ本社は、東京都江東区に本社を置く機械加工製品の販売などを行う持ち株会社です。製造業の生産ラインや開発部門で必要とされるＦＡ（Factory Automation）、金型用の精密機械部品を「高品質・低コスト・短納期」で提供する事業で成長しています。

東証一部上場で株式時価総額1660億円、連結売上1200億円、営業利益155億円の高業績企業です。

CEOの三枝《さえぐさ》匡《ただし》氏は、ボストン・コンサルティング・グループの日本人社員第１号を経て、企業再生のプロとして独立。複数企業の再生を成し遂げた後、ＦＡ部品・金型商社「ミスミ」の経営者へと転身し、同社を優良企業へと生まれ変わらせた人物です。日本が誇る数少ない「プロフェッショナル経営者」といわれています。

中核企業は部品商社です。主な事業は部品の販売です。ＦＡ用メカニカル標準部品、ＦＡ用メカニカル加工部品、ＦＡ用エレクトロニクス部品、プレス金型用標準部品、プラ型用標準部品、工具・消耗品の６分野です。

ミスミは、「部品カタログ」で部品を販売するビジネスモデルで独自の分野を開拓しています。ＦＡや金型設計に必要な部品はすべて、ミスミが提供する部品カタログから探すことができます。

新しい顧客ニーズがあれば、その部品を標準品として使えるように部品の開発も行います。また、経験が浅い設計者でも使いやすい部品を取り揃えています。設計者がゼロから設計するのではなく、ミスミの部品を組み合わせるだけで設計できるノウハウを提供しています。

ミスミの部品を使うと設計が容易になるといいます。そのため、設計者の間では「ミスミの部品を使えば設計が楽だ」という評判を得たのです。

カタログ通販から、現在ではインターネットで容易に部品が注文できるようになっています。カタログ通販が成功していたところに、ネット販売によって検索と利用が容易になり、さらに業績を拡大しています。

第５章

シナジー（相乗効果）を活用して成功率を高める

38 シナジー（相乗効果）とは何か

IT分野で新規事業進出を企む嵐山食品

問題

嵐山食品は売れ筋の定番商品が好調で、経営も安定してきました。ある程度現金の蓄えもできて、新しい事業にチャレンジしたいというムードになっています。

嵐山食品はオーナー企業でもあり、トップダウンが強い会社です。社長がその気になれば、社員たちは文句もいわずに素直に従います。新しいことへのチャレンジに文句をいう役員もいません。

嵐山社長が考えている新規事業は、ゲームを中心としたＩＴ分野です。食品ではそこそこ稼げても、ド～ンと大稼ぎできないというのが嵐山社長の問題意識なのです。さて、ＩＴ分野に進出すべきでしょうか？

回答 既存の経営資源のシナジーを活かせなければやめたほうがいい

新製品開発や新規事業を行う場合、最初に考えるべきことは、既存の経営資源のシナジーを活かせるかどうかです。経営資源のシナジーを活かせないのであれば、時間とお金がかかる割に、売上が十分確保できなくなります。

個人で考えると、わかりやすいと思います。

たとえば、運動が苦手な人が、サッカー選手や野球選手になろうとは考えないでしょう。野球選手になって成功すれば年俸１億円以上も可能だといわれても、運動が苦手な人にはムリでしょう。もっと自分の得意なことを活かした分野を狙うべきです。

嵐山食品は、ＩＴ分野への進出は、成功率が極めて低いでしょう。やめたほうが賢明です。

解説 なぜシナジーを活かす必要があるのか

◆ゼロスタートでは先駆者に勝てない

新製品開発や新規事業を行う場合、ゼロスタートでは時間とお金もかかりすぎて先駆者に勝てません。いくら資金力があっても、技術や経験の蓄積が多く、すでに市場開拓している先駆者に勝って利益を得るのは至難の業です。

ゼロスタートにしないための方法は、すでにある既存のシナジー（相乗効果）を活かすことです。

シナジーとは相乗効果によって得られる利益や効果のことです。たとえば、企業内の各事業が統合したり協力したりして新商品を開発するなどがあります。シナジーを活かすことは、ジャンプ台を使ってジャンプするのと同じです。シナジーを活かすことで、踏み台を作って新規分野を攻略するのです。

◆シナジーを活かしてジャンプ台からスタートする

たとえばカルピス株式会社は、社名の通り乳酸飲料のカルピスで有名です。かつてカルピスは経営不振になっていましたが、その窮地を救ったのが、「カルピスウォーター」です。

原液のカルピスの売上が不振の中、薄めたカルピスを缶やペットボトルで販売することで、好業績企業に変容しました。既存の「知名度」と「製品の強み」のシナジーを活かした一手でした。

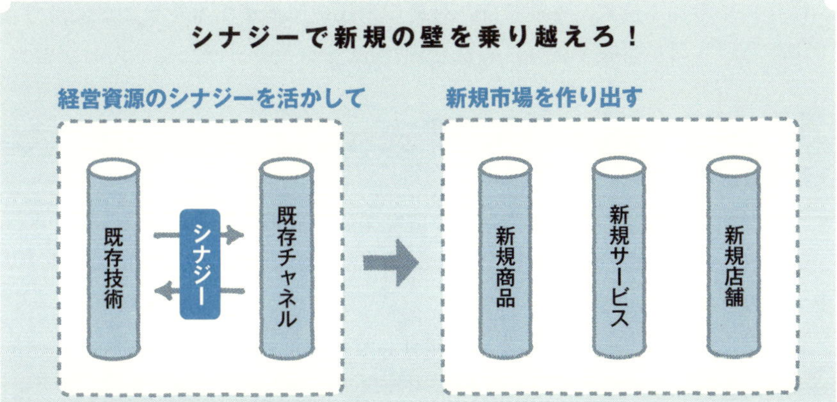

39 何のシナジーを活かすのか

レトルト食品事業進出で悩む缶詰メーカー

問題

カンダ食品は、缶詰メーカーの大手です。カニ、シーチキン、コンビーフなどの缶詰は定番商品です。

しかし近年、食品業界のトレンドとして、缶詰よりもレトルト食品の売上が伸びています。カンダ食品としては、缶詰を継続しながら、レトルト食品事業にも進出したいと考えています。

さて、レトルト食品事業に進出すべきでしょうか？

回答 進出すべき

業界のトレンドには追随していく必要があります。保存食品という範疇で考えると、長期トレンドでは缶詰からレトルトに移行しています。早期にレトルト食品事業に踏み出すべきでしょう。

缶詰事業で培った経営資源のうち、レトルト食品事業に何が使えるのかを考えてみましょう。

保存食品の加工技術、各種特許、材料の調達、販売チャネルなどが使えそうです。つまり、新規事業を行うにあたり、活かせるシナジーがたくさんあります。

解説 何のシナジーを活かすのか

◆経営資源のシナジーを活かす

自社の強みとして、何のシナジーを活かせばいいのでしょうか。

まずは、経営資源のシナジーを活かします。経営資源とは、ヒト・モノ・カネ・情報です。

ヒトは人材であり、一人ひとりが保有している能力を活用します。モノは、ハードウェアです。生産設備、工場、土地などの有休資産です。

カネは、資金力や資金調達力です。

情報は、インフォメーション（情報）とインテリジェンス（知能・知性）の両面でとらえるべきです。

インフォメーションは、情報システム、データベース、情報発信力、情報収集力などです。インテリジェンスは、技術力、開発力、ノウハウ、特許、成功や失敗の経験などを含めて考えます。

◆チャネルとブランドのシナジーを活かす

チャネルとブランドのシナジーを活かすことも効果的です。

チャネルのシナジーでは、すでに開拓されている販売チャネルを利用することで、販売チャネル開拓に必要なコストと時間を短縮することができます。既存の販売チャネルに新製品や新規事業を投入することで、販売チャネルのパイプも太くなります。

ブランドのシナジーは、高級ブランドメーカーが、時計やアパレルなどにも進出するように、ブランドイメージを上手く使って多角化しています。

ポッカはレモンのブランドイメージと、技術力に優れた強みを重ねて活かしています。「キレートレモン」という新製品は大ヒットし、収益の柱になっています。

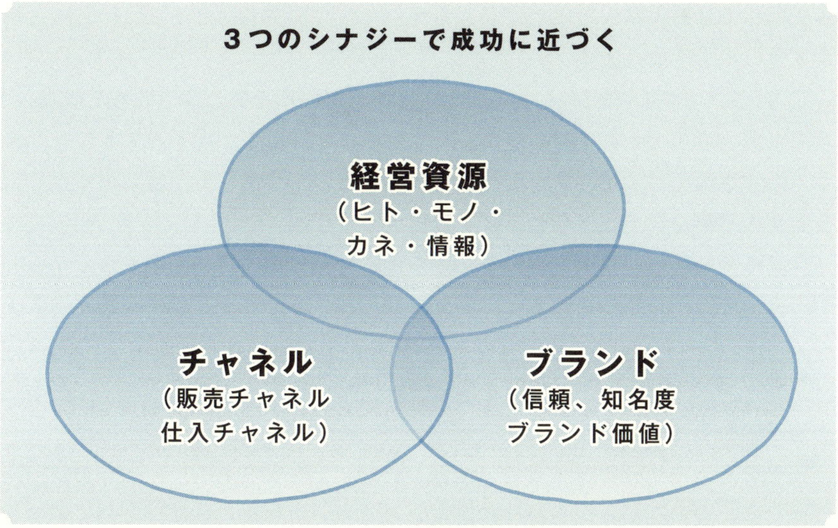

40 ドメイン戦略

自動車メーカーが中古車販売を行うのは得策か？

問題

ヤッサン自動車は、大手自動車メーカーです。アジア市場で約10年間、新車販売に注力してきました。しかし今、大きな経営議題が持ち上がっています。アジア市場で中古車販売事業を行うべきかどうかです。

中古車販売事業を行う場合の悩みは、中古車の需要が高まり、新車の販売台数が落ち込むのではないかということです。どうすればいいでしょうか？

もう1つ、なぜ自動車メーカーは、メーカーなのに、金融であるローン事業もやるのでしょうか。

回答 本業を支援するために、中古車販売事業に進出する

中古車販売事業に進出すべきです。その理由は、中古車を買い取ることでお客にとっては新車購入の頭金ができるからです。消費者にとっては、もっと新車を買いやすくなります。

たとえば、中古車を持っている人が200万円の車を買う場合、中古車を50万円で買い取ってもらえば、150万円の追加料金で新車が買えることになります。中古車販売事業が、新車販売を支援できるのです。一方、はじめて車を買う人が中古車を買えば、自動車需要は拡大します。

自動車メーカーがローン事業を行うのは、分割で車を買いやすくするからです。自社でローン事業を行えば、審査を甘くできるので売りやすくなります。

解説 本業重視とはドメイン上で戦うこと

◆孫子いわく「勝ちやすきに勝つ」

戦略を考える上でまず大切なことは、「どこで戦うのか？」を明らかにすることです。地の利がわかる自社の得意領域で戦いを仕掛ければ、有利に戦いを

進めることができます。

自社の得意領域である本業を、経営戦略ではドメイン（事業領域）といいます。新規事業をやるなら、ドメインの中で考えることが大切です。

◆本業と本業を支える周辺領域を強化するのが王道

本業を支える周辺領域を強化することも、ドメインとして範囲に入れてもかまいません。高額商品を販売する場合は、ローンで買いやすさを支援するのも一案です。

たとえば建設重機のコマツは、中国でローン販売に成功しています。中国は建設ラッシュで、個人で建設重機（クレーン、ショベルカーなど）を購入して個人事業となります。

しかし中国では、ローンを支払わない人も多くいます。そこでローンで販売するのですが、ローンの支払いが滞ると、販売した建設重機のエンジンがかからなくなる仕組みを本体に組み込みました。ＧＰＳを利用した非常に奇抜な方法で、中国の販売を伸ばしたのです。

本業中心に有利な状況で勝つ

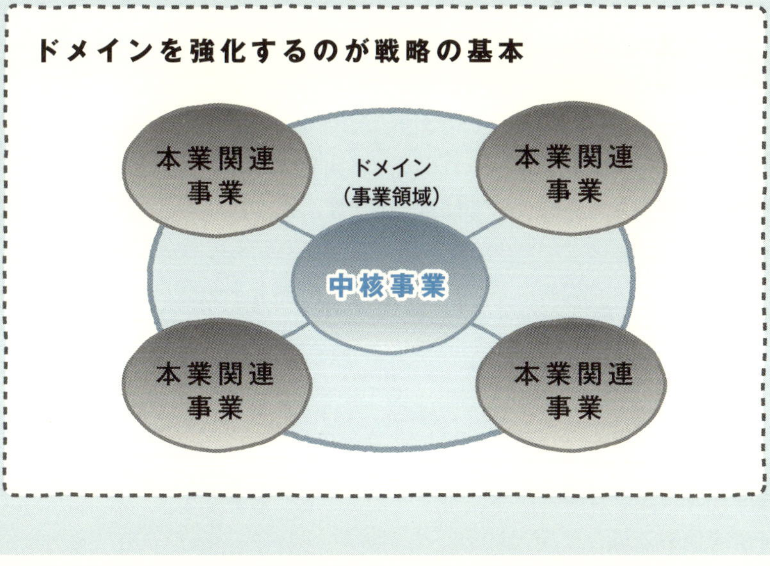

41

ドメインを、どう定義するか

鉄道事業だけだった国鉄はJRになってどう変わった?

問題

ＪＲは国鉄時代、ドメインは鉄道事業という定義でした。鉄道事業しかできないというわけです。

しかし民営化によりＪＲになりました。民営化によって、自由競争にさらされる半面、ドメインの拡大も自由度が高くなります。

さて、民営化で、どのようにドメインを定義すればいいのでしょうか？

回答　パッセンジャー・ソリューション、総合運輸レジャー産業

たとえばパッセンジャー・ソリューション、総合運輸レジャー産業という定義はいかがでしょうか。

パッセンジャー・ソリューションは、パッセンジャー（通行人、旅行者）のソリューション（問題解決）を行うことです。それにより、旅行業、ホテル、駅ナカ（駅構内の店舗）事業も進めることができます。

総合運輸レジャー産業というのもおすすめです。総合（トータル）をつけることで、事業の広がりを示唆できます。

全国に保有している不動産を利用して多角化することもできるでしょう。土地や住宅の提供も可能性としてはありえます。広くなりすぎますが、トータル生活ソリューションというドメインの定義もありかもしれません。

解説　ドメインの定義の留意点

◆手段ではなく目的で定義する

ドメインの定義として、手段ではなく目的で定義するという留意点があります。

ドメインは、新規事業を考えるガイドラインでもあります。したがって、ドメインを決める場合は､広がりがある定義が必要です。広がりを出すためには、

手段ではなく、機能や目的で定義することが大切です。

◆ソリューションの視点で定義するとよい

ＪＲのドメインとして、パッセンジャー・ソリューションという表現をおすすめしました。ソリューション（問題解決）というのも可能性を広げる言葉です。

ソリューションは、2000年代に入って、多くの企業が使うようになりました。たとえば、**情報システム開発事業と定義していた企業が、情報ソリューションと定義し直すことで、情報コンサルティング、インターネット事業支援など、新規事業をしやすくなります。**

また部品や素材メーカーでは、マテリアル・ソリューションと定義すると事業の広がりが出ます。

ドメインは手段ではなく目的や機能で定義する

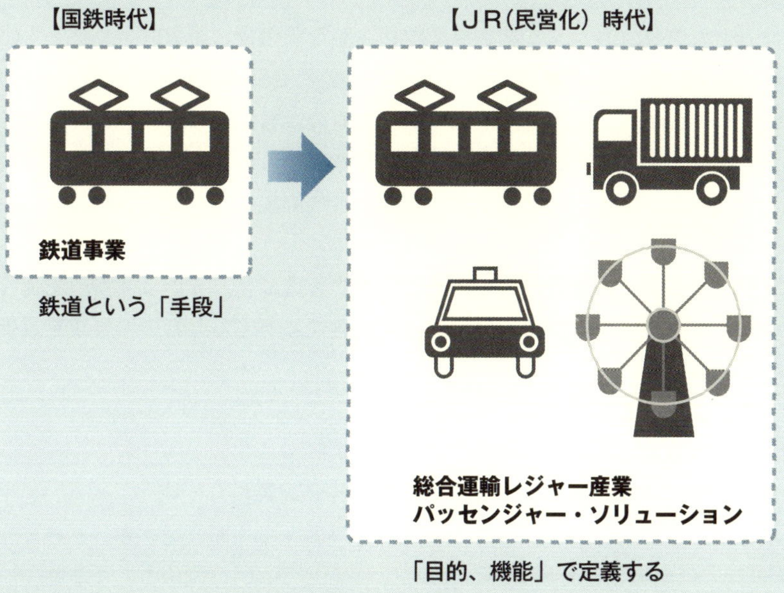

42

ドメインの3つの定義

日立、東芝、ソニー。なぜ社風がこんなに違うのか？

問題

日立や東芝、そしてソニーは、家電製品を作っているのに社風のイメージが異なります。日立や東芝はどちらかといえば、まじめで堅実な、ややお堅い社風イメージがあります。

一方ソニーは、新しいものへの挑戦とか自由な社風のイメージがあります。また、MGMの買収など、音楽や映像などのコンテンツ事業のイメージもあります。

3社とも家電メーカーなのに、なぜ異なるのでしょうか？

回答　創業時の事業によって、ある程度社風が決まる

日立や東芝は、もともと発電機を中心とした重電機、産業財をスタートにしています。一方ソニーは、ラジカセなどの一般消費財をスタートにしています。そのため、社風（企業風土）に違いができるのは自然なことです。

ソニーは昭和21年に、「自由闊達にして愉快なる理想工場」という創立趣旨でスタートしています。戦前の封建制度、階級制度に対する反発精神から生まれた社風です。

またソニーは、洗濯機や冷蔵庫などの白物家電は作っていません。先進性のある製品を開発することで、個人の趣味や感性に訴える分野での事業を重視しています。

解説　ドメインを具体化する3つの定義

◆3つの定義「顧客層、ニーズ、コアコンピタンス」

ドメインを詳細に定義するためには、どのような「顧客層」の、どのような「ニーズ」に向けて、どのような「コアコンピタンス」（競争力となる強み）に基づく商品やサービスを展開するのかを明らかにします。

なお、コアコンピタンスは、競争力となる強みとして、技術やチャネルの強みから選択します。

掃除用具のレンタルで有名なダスキンの例で考えてみましょう。ダスキンの顧客層は、個別住宅、個別企業などです。量販店のような店頭販売ではなく、個別訪問によってサービスを提供します。

次にニーズですが、ダスキンは「きれいにする」ニーズを充足させるビジネスととらえることができます。そして、コアコンピタンスは、きれいにするノウハウ、レンタルのノウハウ、全国600万戸の訪問販売チャネルです。

◆B2B、B2Cのビジネス

ドメインは、簡単に変更するものではありません。しかし、5年に一度の頻度で見直すことが目安とされています。新規事業などの多角化で事業が拡大すれば、何年かに一度は、ドメインも大きく見直す必要があります。

「顧客層」の定義の一例として、B２B（Business to Business= 企業同士の取引）、B２C（Business to Consumer= 企業と一般消費者の取引）があります。日立や東芝の創業はB２B、ソニーの創業はB２Cです。顧客層の定義が、社風に影響を与えることもあるのです。

ドメインを具体化する３つの定義

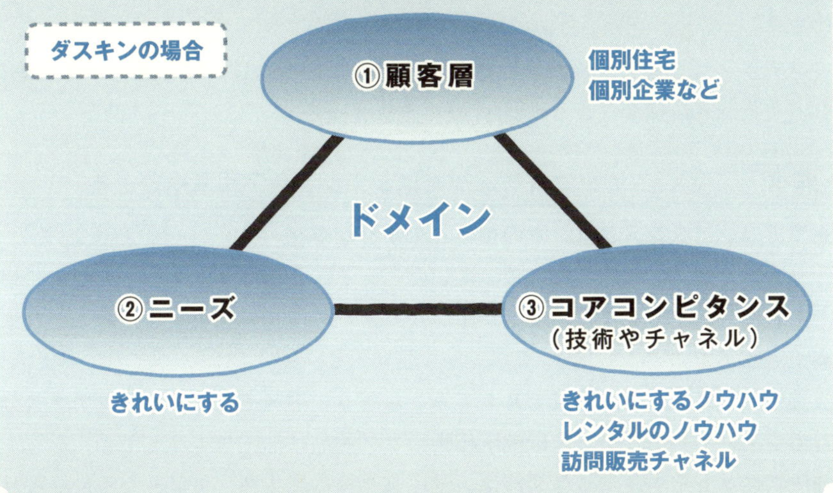

43 コアコンピタンスとは

あなたの会社の強みは何？
あなた自身の強みは何？

問題　「あなたの会社の強みは何ですか？」と聞かれたら、どう答えますか？　全社でもいいし、あなたが所属している部門でも結構です。強みを２～３個列挙してください。

２～３個列挙できましたか？　ではその強みは、競合よりも圧倒的に優れていますか？　それとも似たり寄ったりですか？　似たり寄ったりの場合は強みではないので、他の強みを探してください。

次に、「あなた自身の強みは何ですか？」と聞かれたら、どう答えますか？

強みを２～３個列挙してください。すぐに２～３個列挙できますか？

回答　強みを見つけて、強みを活かそう

強みは２～３個でも大丈夫です。しかし、他に負けない強みでなければいけません。強みの中の強み、または競争力となる強みを、コアコンピタンスといいます。

コアコンピタンスが何かを自覚して、育てていかなければ、魅力ある企業、魅力ある個人にはなれません。

解説　コアコンピタンスを活かせばシナジーをフル活用できる

◆コアコンピタンスとは、木の根っこのような存在

コアコンピタンスは、木の根っこにたとえることができます。丈夫な木の根があれば、幹が太くなり、枝葉が生い茂り、たくさんの花が咲き、みごとな果実が実ります。

重機メーカーの建設機械で考えてみましょう。ドメインはメカトロニクス分野です。コアコンピタンスは油圧技術、コア製品は油圧ユニットです。そして油圧ユニットを生産する事業部は、油圧制御機器事業部、果実となる最終製品

は、クレーン、ショベルカー、フォークリフト、プレス機械、板金機械などが考えられます。

◆コアコンピタンスの３つの条件

コアコンピタンスは、組織単位で多面的にとらえることも可能です。全社のコアコンピタンスを３つ前後設定して、事業部ごとにも３つ前後設定してもかまいません。ただし、バラバラではなく、ある程度全社としての整合性を確保する必要はあります。

コアコンピタンスを決める条件は、「将来性があること」「さまざまな用途に応用できること」「簡単に他社にまねされないもの（差別化が継続できること）」を選ぶことが大切です。

コアコンピタンスは競争力となる強み

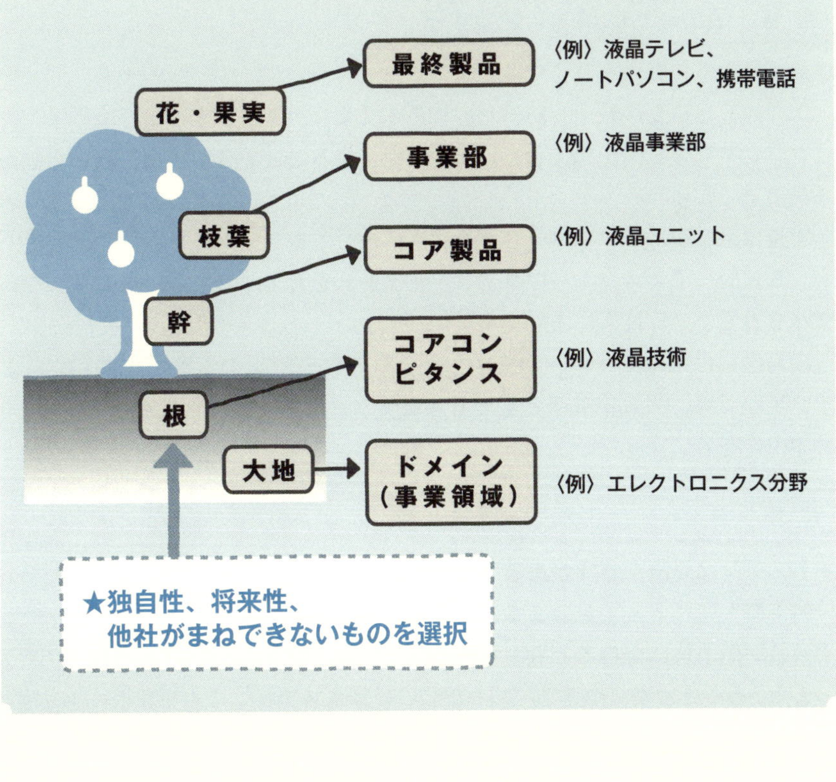

44  既存のドメインを見直す

需要が激減した毛筆メーカーの生き残り策は？

問題 毛筆で字を書く人が激減し、毛筆のメーカーは需要が激減してきました。かつては毛筆で書かれた年賀状の宛名書きをよく目にしましたが、現在ではラベル作成ソフトを使ったり、そもそも年賀状の代わりにメールを送ったりする人が多数派です。このままでは、毛筆メーカーは伝統技術を失いかねません。

さて、どうすればいいのでしょうか？

回答 筆の新しい用途を開発する

対策は大きく３つあります。

１つめは、需要の減退を防ぐために毛筆文化に引き戻す方法。２つめは、コアコンピタンスを活かして新しい用途を開発すること。３つめは、思い切った事業撤退です。

王道は、２つめのコアコンピタンスを活かして新しい用途を開発する方法です。具体的に毛筆メーカーのコアコンピタンスを考えると、筆のなめらかな書き味を出すという技術にあります。

広島県には毛筆メーカーが集中し、全国の70％以上の毛筆を生産しています。現在では、高級化粧筆として有名なブランドメーカーも広島産を採用し、世界中に有名になっています。

解説 ドメインは５年に一度見直す

◆ドメインは見直す必要がある

何年間も同じドメインのままだと、外部環境の変化や自社の多角化によって、ドメインが手狭になることもあります。

また、ある分野が衰退する一方、新しいビジネスチャンスも生まれてきます。

そこで、ドメインは5年に一度を目安に見直すことをおすすめします。

毛筆メーカーのように、今の技術や製品を改良して、用途拡大することでドメインを広げることができます。

たとえば、セラミックスは耐熱性と電気を通さない絶縁性に優れています。イビデンはセラミックスに強い会社です。ファインセラミックスという新素材を開発し、半導体の絶縁素材として高付加価値材料の生産に成功しています。

◆コアコンピタンスが活かせるドメインを定義する（繊維→素材産業）

東レ株式会社は、繊維産業が創業時代の主事業でしたが、アパレルを中心とした繊維が、アジア諸国の攻勢によりコモディティ化（メーカーごとの品質の差がなくなり、価格を基準に選択される状態）してきました。その結果、高付加価値産業ではなくなったのです。

そこで2つの方向性を打ち出しました。1つめは、高付加価値が生み出せる新素材を開発することです。そこでユニクロなどと提携して、夏涼しい、冬温かいなどの機能性素材に注力しています。

2つめは繊維技術を使った新規事業開発です。高分子化学や有機合成化学、バイオテクノロジーという東レのコア技術をベースに、ナノテクノロジーなどの先端技術との融合などで技術の体系を広げています。

また、高機能フィルム、エンジニアリングプラスチックなど基礎素材から加工製品まで幅広い事業を展開しています。

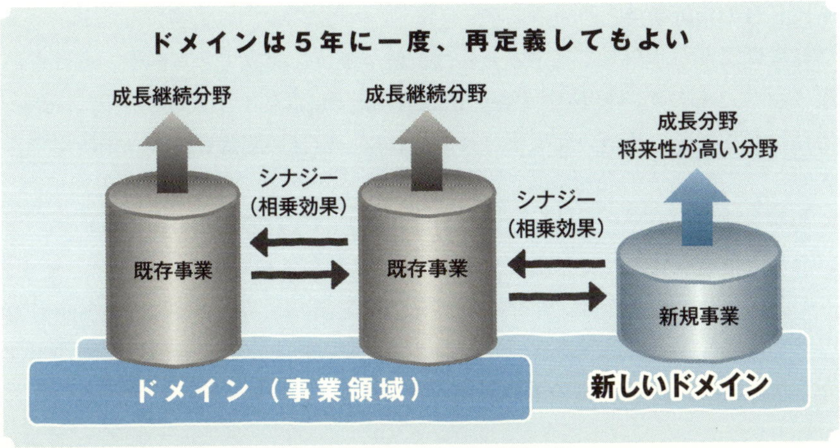

45 KFS（主要成功要因）

あなたの会社で最も利益をあげている製品は？　なぜ利益が出るのですか？

問題　あなたの会社で、最も利益をあげている製品（サービス含む）は何ですか？　そして、なぜその製品は利益が出るのですか？
具体的な製品がない場合は、次の問いに答えてください。あなたの会社のビジネスモデルは何ですか？　なぜ利益をあげられるのですか？

回答　どこで利益をあげるのかを明らかにする

どこで利益をあげるのか、簡単な言葉で表現してみてください。答えは案外、単純明快です。

製品もビジネスモデルも、どうしても見つからない会社もあるでしょう。そのような会社の多くは、汗の量と長時間労働で利益を捻出している会社です。そのような会社は、赤字との戦いに終始しています。

解説　ＫＦＳを明確にすれば、経営資源をフル活用できる

◆ＫＦＳの指針を持とう

経営資源をどうやって集中させれば、競争優位を確立できるのか。それを簡潔に示したものが、ＫＦＳ（Key Factor for Success：主要成功要因）です。全社員がＫＦＳに基づいて事業を推進すれば、全社の経営資源がフル活用できます。

たとえば銀行のＫＦＳは、安い金利で預金という形で資金の調達をして、高い金利で企業や個人に貸し出すこと、そして金利の差額を最大化することです。

不動産会社のＫＦＳは、仲介手数料を売買金額の３％（正確には３％＋６万円）を、売り手と買い手から両方得ることです。たとえば、５億円の物件を仲介しただけで、3012万円の手数料が入ります。

◆製薬会社のＫＦＳ

製薬会社では、２通りのＫＦＳがあります。

資金力がある製薬会社は、新薬開発による20年間の独占販売がＫＦＳです。

一方、資金力がない製薬会社は、新薬開発をあきらめ、モノマネ戦略を基本とします。20年間の特許が切れた薬品を、格安で大量に販売します。感冒薬などは、特許切れの薬品が数多くあります。新薬開発を１番手戦略とすれば、モノマネ戦略は、２番手、３番手戦略ということができます。製薬業界でのモノマネ戦略は、ぞろぞろ出てくる、またぞろ出てくるというゾロから、ゾロ戦略と呼ばれています。なお、ゾロ戦略で開発された薬品を総称して、ジェネリック薬品と呼んでいます。

ＫＦＳは主要成功要因を表したもの

ＫＦＳ(Key Factor for Success)

↓

主要成功要因（利益の源泉は何か？）

銀行のＫＦＳ

安い金利で資金調達して、高い金利で貸し出す。金利の差額を最大化する。

不動産会社のＫＦＳ

仲介手数料を売買金額の３％（法律で保護）を、売り手と買い手の両方から得る。

マンション分譲のＫＦＳ

容積率が高い土地を仕入れ、建築して高く売る。仕入ー販売の回転率をアップさせる。

製薬会社（新薬開発）のＫＦＳ

新薬特許20年保護の法規制を利用して、新薬開発で20年間独占販売する。

製薬会社（ジェネリック製薬）のＫＦＳ

新薬開発を断念して、特許切れした薬品を、格安販売によって大量に売り切る。

カネボウ化粧品の買収でシナジーを加速する花王

戦略14でも述べましたが、花王は、産業再生機構の支援のもとで再建を進めていたカネボウ化粧品を、総額約4100億円で買収しました。花王が記者会見の席で何度も強調したのが、「買収後もカネボウ化粧品の独立を尊重する」ことです。

その背景には、各社の戦略の違いがあります。花王の化粧品事業は研究開発を重視、一方カネボウ化粧品（以下「カネボウ」）は顧客の感性に訴えるブランド作りが得意です。異質なものをあえて一緒にする必要はないという判断を花王の経営陣は下したのです。

マスコミやアナリストたちは、「組織の独立性を保つということは、買収によるシナジーがすぐには出にくい」という懸念をアピールしました。しかし、戦略的な視点で見ると、これは高く評価できる意思決定といえます。

既存の経営資源のシナジーを活かすことはもちろん大切です。しかし、社外に目を向ければ、競合同士の競争環境を緩和するポジション（第２章）を確立することが大切です。花王は、シナジーを考える前に競争環境の緩和を優先したのです。買収後に時間をかければ、必ず花王とカネボウのシナジーが活かせることを信じた上での決断だと思います。

ではなぜ競合同士の競争環境を緩和するポジションが築けるのでしょうか。カネボウの買収には、外資系化粧品メーカーが名乗りを上げていました。もしカネボウが外資系化粧品メーカーに買収されたらどうでしょうか。日本市場が強者三つ巴の激戦区になってしまいます。

しかし花王がカネボウを買収することで、資生堂ｖｓ．花王連合軍の実質２社対決になります。外資系に参入されてガチンコ勝負よりは、はるかに競争環境が緩和されるのです。さすが花王。花王は物流戦略においても特出した会社です。

競争環境を支配できれば、自社に有利な市場を形成して、収益性を高めることができます。マイクロソフト、インテルなども、競争環境を支配することで、高収益を維持しているのです。

第6章

多角化の定石を知り、今ある資源を活用せよ

46

多角化の基本はドメインの重視

多角化を考えるナカダ電機。攻めるのは、どの市場？

問題

ナカダ機械は中堅の機械メーカーです。経営の多角化を目指し、新規事業を考えています。下記の市場のうち、どの市場を攻めるべきでしょうか？

①ドメインを守ってかつ、大規模の市場
②ドメインを守ってかつ、中小規模の市場
③ドメインを無視して、大規模の市場
④ドメインを無視して、将来性はあるが今は小規模の市場

さて、攻める市場に優先順位をつけてください。

回答　ドメイン重視が原則

ドメイン重視はいうまでもありません。もう１つの問題は、市場規模の大小、どちらを選ぶかです。

ナカダ機械は中堅企業ですから、資金調達力は大企業に劣ります。そのため、小規模投資をすれば、資金回収のリスクが低減できます。そこで、一般的には、中小規模の市場がおすすめです。

優先順位で並べると、②→①→④→③です。なお、上の例では情報が少なすぎるのですが、現実として①と②の順番が入れ替わる場合もあります。

解説　市場の競争を抑えながら戦う

◆儲かっていないときは、儲かっているふりをする

「儲かっているときは、儲かっていないふりをする」「儲かっていないときは、儲かっているふりをする」という経営者がいます。これは戦略的に正しい考え方です。

儲かっているときに、儲かっていると自慢話をすると、せっかくのビジネス

モデルや勝ちパターンが社外に出てしまいます。

では、儲かっていないときに、儲かっているふりをするのはなぜでしょうか。取引先、顧客、マスコミなどの世間は、儲かっている会社が好きです。だから、せめて気持ちだけでも儲かっているふりをするくらいのカラ元気が必要です。

◆ミルクを売っても牛を売るな

本当に大切な手の内は見せないことが大切です。手の内は見せるとすぐに模倣されてしまいます。たとえば、コカコーラのレシピは門外不出といわれています。

米国は30年以上前、米国で発明された製品を日本企業が大量生産することで稼いでいることに脅威を感じました。そこで米国の競争力を維持するため、「ミルクを売っても牛を売るな」という方針を明確化しました。ミルクは、製品や部品。牛はミルクを生み出すもととなるもの、すなわちコアコンピタンスです。牛を守るために、米国は知的財産権戦略を、国をあげて強化してきました。

現在日本と中国の間において、同じような関係が起きています。日本企業としても、「ミルクを売っても牛を売るな」を教訓にすべきではないでしょうか。

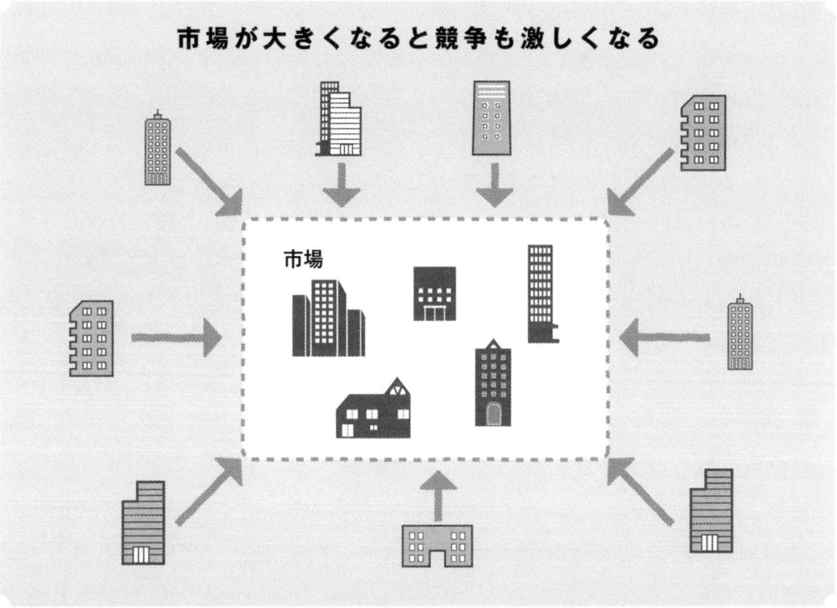

47

シナジーを活かす多角化

上場で大金を手に入れたカネダ化学。有望な新規事業はどう探す？

問題

株式上場して大金を手に入れたカネダ化学のカネダ社長は、新規事業をやりたくてウズウズしています。社員には、「何でもいいから新規事業を提案しろ」とハッパをかけています。

ついにカネダ社長は、新規事業コンテストをやると言い出しました。役員たちは止める力もなく、ついには社内公募で200個を超える新規事業提案が集まりました。

さて、有望な新規事業を探すにはどうすればいいのでしょうか？

回答 既存製品と既存市場のシナジーを活かす事業を探す

既存の経営資源、既存のコアコンピタンスを活かすことは、多角化に不可欠です。多角化を考える場合に用いられる切り口としては、P（Product：製品）とM（Market：市場）が有名です。

P（製品）は製品と事業でとらえます。既存の製品と事業のシナジーを活かしている多角化はどれかを選びます。

M（市場）は市場に加えて、チャネル（販売網、流通網）、顧客も含みます。既存の市場、チャネル、顧客を活かしている多角化はどれかを選びます。

PとMのどちらかを既存としている新規事業提案を選んでください。200個あったものを、50個以下に減らせるはずです。

解説 PとMのシナジーを活かす

◆PMマトリックスで考える

事業の多角化を考える場合、PMマトリックスがおすすめです。

PMマトリックスは、横軸に製品（P：Product）、縦軸に市場（M：Market）をとります。PMマトリックスは製品と市場をそれぞれ既存と新規に分けてマトリックスにします。製品には、事業も含めて考えます。市場には、顧客やチャネルも含めて考えます。

ＰＭマトリックスは、Ｐ（製品）とＭ（市場）のシナジーを活かせばいいことを示唆しています。

◆既存のチャネルを活かしながら開発する

既存事業を死守することは、企業存続の大前提です。

新規製品・既存市場は新製品開発です。既存の販売チャネルを活用しながら新製品を継続的に開発し続けることで、成長戦略が可能になります。

既存製品・新規市場は新市場開拓です。いまある製品を新しい市場に投入することで大きく売上を拡大するチャンスが生まれます。販売チャネルの拡大でもあります。

たとえば店頭だけで販売していた製品を通信販売する、国内だけで販売していた製品を海外に販売するというのは新市場開拓です。

新規製品・新規市場は事業の多角化です。事業の多角化で中長期的には、事業のポートフォリオを成長分野にシフトしていくことも必要です。

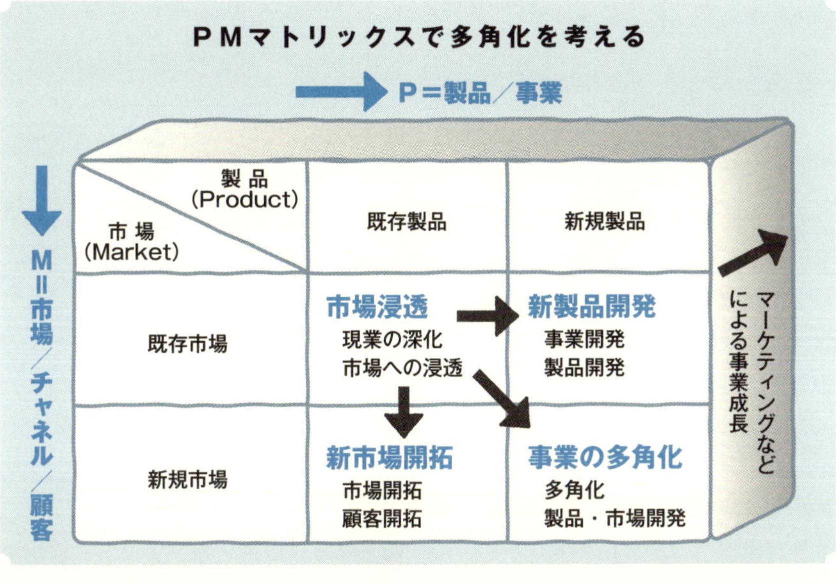

48 PMマトリックス／P（製品）の多角化

家庭用浄水器を新開発したものの販売に苦しむ部品メーカー

問題

自動車部品メーカーであるミズノ機械は、社長の号令のもと、家庭用浄水器を新開発しました。社内で歓声がわいたころ、１人の営業担当者が素朴な疑問を述べました。「この浄水器、どこで売るんですか？」と。

それを聞いた開発者たちは声を揃えて、「売るのは営業の仕事だ！」と、その営業担当者に罵声を浴びせました。

しかし翌日になって冷静に考えてみると、誰も販売について考えていなかったのです。なぜなら、「私は作る人」「あなたは売る人」と、セクショナリズムが横行している会社だからです。

結局、東急ハンズで販売してみたものの、店舗数が少ないので思うように売れません。どう打開していけばいいのでしょうか？

回答 販売チャネルの開拓が必要

ミズノ機械は部品メーカーですから、既存のM（市場）は自動車などの組立メーカーです。消費者に向けた販売チャネルを持っていたわけではありません。

そもそも消費者向けの製品を開発すること自体が間違った選択だったのです。しかし今は、どうリカバーするかを考えるしかありません。

すでに既存のM（市場）を持っている会社との提携を考えます。候補としては、通信販売の会社、ホームセンターなどの量販店の販売チャネルを開拓すべきです。

解説 P（Product：製品）の多角化の留意点

◆既存の市場を活かして新製品や新規事業を考える

P（製品）の多角化を考える場合は、既存のM（市場）のシナジーを活かす多角化を考えるべきです。

ＰＭマトリックスは、Ｐ（製品、事業）とＭ（市場、チャネル、顧客）の既存領域をうまく活かしながら、多角化を考えることの重要性を伝えています。**既存のＰとＭを無視した安易な多角化は、なかなか成功しない**ことを意味しています。

◆既存の市場を活かした多角化の例

新製品を開発する、あるいは新規事業を行うために、既存のＭ（市場）を活かした多角化の例を考えてみましょう。

高級婦人洋服店があったとします。富裕層のリピーターが多く、数十万円の洋服が飛ぶように売れるとします。既存のＭ（市場）は、富裕層でファッションセンスに優れた既存顧客です。

この洋服店の場合は、既存のＭのシナジーを活かす多角化を考えます。

たとえば、高級の毛皮、宝石、ブランドものを扱えば、ゼロから顧客を探すよりもはるかに有利です。

製品と市場の同時新規は、成功率が低下する

ミズノ機械のPMマトリックス

M ＼ P	既存製品	新規製品
既存市場 B2B （組立メーカー）	**市場浸透** ◎自動車部品 ◎プラスチック材料 ◎プレス用金型	**新製品開発** 本来はここで勝負すべき
新規市場 B2C （消費者）	**新市場開拓**	**事業の多角化** 家庭用浄水器

49 PMマトリックス／M（市場）の多角化

アジア市場に冷凍食品を売りたい。レシピの変更はダメ？

問題

ガクト部長は、新市場開拓には、既存のP（製品）を活かすべきだと学びました。そこでアジア市場に冷凍食品を販売しようと計画しました。

アジア市場の各地を回って調査した結果、アジア各国と日本人との味覚が異なることがわかりました。しかしガクト部長は、新市場開拓には、既存のP（製品）を使うわけだから、レシピの変更はダメだというのです。

しかし現地で市場調査したメンバーによると、日本で販売しているサンプルを現地で食べてもらうと、反応が悪いというのです。

各国の味覚に合わせたレシピを作り直すべきでしょうか？

回答　その国に合わせた改良は当然やるべき

多角化マトリックスで定義されている新製品とは、まったくの新製品を意味しています。改良品は、新製品の定義に含まれていません。したがって、アジアの各国に合わせたレシピの変更は、現地に合わせて積極的に行うべきです。

たとえば、グリコはポッキーを日本では10種類しか販売していませんが、中国では24種類販売しています。中国で販売する場合、店舗側は多品種を喜びます。品種が多いほうが、陳列棚をたくさんとってくれるのです。

日本ではコンビニのように狭い店舗が多いので、売れ筋品種に絞ります。しかし中国では、品種数を増やすことで、売り場面積を確保できるのです。その国に合わせた改良が必要です。

解説　M（Market：市場）の多角化の留意点

◆既存の製品を工夫しつつ活かして、顧客開拓や市場開拓を考える

M（市場）の多角化を考える場合は、既存のP（製品）を活かして、顧客開拓や市場開拓を考えるべきです。M（市場）の多角化で近年最も重要視されているのが、アジア市場の開拓です。中国は13億人、インドは12億人で、それぞれ日本の10倍近い人口です。世界人口が70億人ですから、アジア市場には潜在需要があります。

既存のP（製品）を活かすといっても、製品改良をしないという意味ではありません。現地に合わせた仕様に改良を加えることは大切です。

◆食品メーカーに見る多角化の例

飲料をはじめとする食品メーカーは、多角化しやすい業種です。「食料」の分野は、国籍に関係なく需要があるからです。

コカコーラでさえ、国に合わせてレシピを微妙に変えているというウワサです。ただレシピが極秘のため、信憑性のほどは定かではありません。

マクドナルドも、世界の胃袋を狙って世界進出しました。

人間は子どものころに食べたものは、大人になっても食べます。子どものころからハンバーガーを食べた人は、高齢になっても食べるでしょう。

日本企業も日本食を世界に広げてほしいものです。ちなみに、キッコーマンは醤油を世界に広めることに注力しています。

既存のPを活かして市場を開拓する

ガクト部長のPMマトリックス

M＼P	既存製品	新規製品
既存市場	**市場浸透** ◎常温食品、缶詰 ◎レトルト食品 ◎冷凍食品 ◎インスタント食品	**新製品開発**
新規市場	**新市場開拓** アジア市場 ※製品の改良は必要	**事業の多角化**

50 時間をお金で買うM&A

携帯電話の設計まで請け負いたい電子機器組立専業メーカー

問題

クミダ総業は、電子機器の組立専業メーカーです。いわゆる、EMS（エレクトロニクス・マニュファクチャリング・サービス）という業態です。与えられた設計図どおりに組み立てるのが本業です。さまざまな家電、パソコン、電話メーカーから業務を請け負っています。

しかしクミダ社長は、組立だけでは付加価値が上がらない、と日頃から問題意識を持っています。携帯電話を設計から手がけようと、開発人員を中途採用しようかとも考えています。

そこでクミダ社長が、あるコンサルタントに相談したところ、「ゼロからではなく、携帯電話の設計部門を買収したらどうか？」といわれました。どう判断すればいいのでしょうか？

回答 新規事業はM&Aでスピードの多角化を狙う

上流工程（設計や部品方向）や下流工程（販売方向）に多角化するのは、自然な多角化です。携帯電話の設計は、組立の上流工程ですから、事業を拡大するには自然な方向です。

あとは、自前でゼロから始めるのか、買収（M&A）で一気に乗り出すのかという選択肢です。

M&Aのほうが、ゼロスタートよりも短期間で多角化を可能にします。いわゆる「スピードの多角化」です。設計部門の買収を前提に、リサーチを始めるのも一案です。

解説 時間をお金で買うM&A

◆時間をお金で買うスピードの多角化

近年は、多角化の手段としてM&A（Merger & Acquisition：合併・買収）

が多く用いられるようになりました。M＆Aは多角化の一種で、お金で時間を買う「スピードの多角化」といわれています。会社が所有するノウハウやブランド力、顧客やチャネルなどを一気に手に入れるスピードの多角化です。

とはいえ、**本業を重視した多角化が原則です。すでに開拓された見晴らしがいい大地を進んだほうが、リスクも少なく、実りも大きいのです。**

◆M＆Aの一般的な手法

買収の主な手法は、ＴＯＢ（Take-Over Bid）、ＭＢＯ（Management Buy-out）、ＬＢＯ（Leveraged Buyout）の３つがあります。

１つめのＴＯＢは、「株式公開買い付け」と訳されています。ＴＯＢは主に企業買収で使われる手法で、既存の株主に対して買い取る株数と株価を公表し、その提案に応じた株主から直接株式を買い取る方式です。

２つめのＭＢＯとは、経営者自身が買収に参加することに特徴があります。サラリーマンである経営者がオーナーとして経営を継続していくのです。

３つめのＬＢＯは、買収対象である企業の資産価値を担保に、実際の買収よりも先にお金を借りる手法です。あえて説明を短くすれば、「買収先資産担保による資金調達」といえるでしょう。敵対的買収の色合いが濃いため、現在の日本ではＬＢＯの成功は皆無です。

M＆Aが可能にするスピードの多角化

M＆Aの種類	M＆Aの狙い
TOB（Take-Over Bid） 株式公開買い付け **MBO（Management Buyout）** 経営者自身による資本参加 **LBO（Leveraged Buyout）** 買収先資産担保による資金調達	◎早期新規事業の立ち上げ 異業種参入、事業の多角化 ◎弱点の補強 ・製品ラインナップの強化 ・技術の補強 ◎全世界市場のターゲット化 （例）自動車、たばこ ◎規模によるスケールメリット追求 （例）銀行、損保、自動車

51

アライアンス（協働）戦略

M&Aの資金を使いたくない ガマン機械。多角化はどう進める？

問題

Ｍ＆Ａをするといっても、簡単な話ではありません。相当の資金が必要なこと、借入金などの未知の領域がたくさんあること、そして企業文化も異なることなど、会社を買収するにはさまざまなリスクがあります。

Ｍ＆Ａをするほど資金を使いたくないガマン機械は、自社で何とかできないかと考えています。自社で継続的に多角化を進めていったほうが、時間はかかるが堅実だというのです。

では、どのように多角化を進めていけばいいのでしょうか？

回答 アライアンスか、PMマトリックスの迂回路をとれ

ＰＭマトリックスで、いきなり右下の新規＆新規に進出すると、リスクが最大化します。そこで、一方を既存、他方を新規にして多角化を行います。

多角化が成功して２～３年もすると、過去に新規だった分野も、いずれ既存領域になります。すると過去は新規＆新規の分野でも、現在は既存＆新規の組み合わせにできます。

つまり、新規を既存にしながら、一歩一歩新規を攻略していけばいいのです。日東電工は、新規を既存にしながら多角化を進めることが上手い会社です。たとえば、粘着テープを作る技術をもとに医療用のテープ製剤、バイオ事業などの展開に成功しています。

解説 シナジーの最大活用で多角化を加速させる

◆パートナー企業と強みを出し合うアライアンス

近年、多角化リスクを低減させる手法として、アライアンス（協働）が活発になりました。**アライアンスとは、対等なパートナー企業として、お互いの強**

みを出し合って、協働（協力しあって働く）という意味です。

アライアンスには、さまざまな目的があります。先端技術の共用、開発費の分担、販売チャネルの共用、デファクト・スタンダード（事実上の業界標準）の獲得などです。ときには、海外企業とアライアンスを組んで、世界的な競争力をつけることも一案です。

◆ＰＭマトリックスの迂回路で多角化のリスクを低減（日東電工）

日東電工では、ＰＭマトリックスで、「技術軸」と「販売軸」の２つを、既存と新規に分類します。その結果、「既存事業」「新製品開発」「新用途開発」、そして「新需要創造」に分けられます。

「新需要創造」はまったくの新規ですから、「新製品開発」、または「新用途開発」の迂回路をとります。迂回路をとることで、着実にシナジーをフル活用するのです。

３年もすると、新規分野は「既存事業」になります。すると、かつて新分野だった部分も含めて、既存事業として定義し直します。そして新たに「新製品開発」「新用途開発」「新需要創造」を繰り返していくのです。

迂回路で着実に多角化を進める日東電工

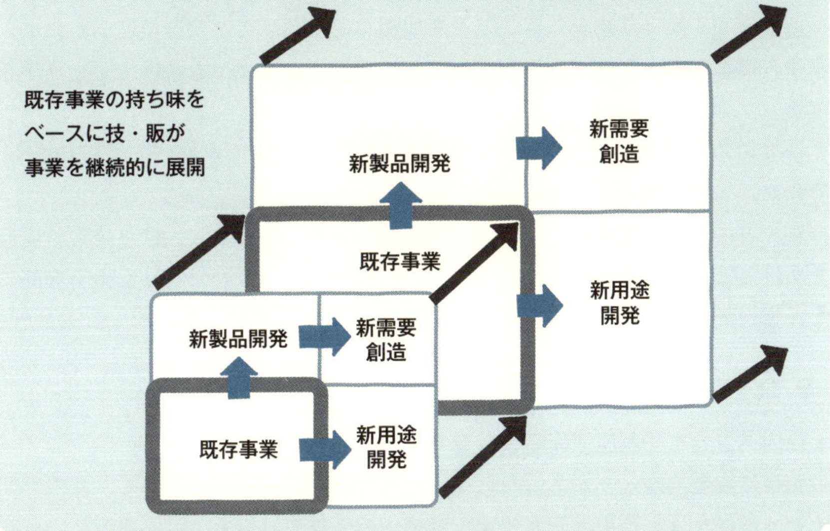

52 新規事業の撤退基準

新規事業を始めて4年、黒字の目処が立たないマダダ電機

問題

マダダ電機は、マグロの養殖を始めました。ヨーロッパ近郊で小型のマグロを生きた状態で捕獲して、日本の近海で養殖するのです。

しかし、なかなか利益が出ません。というのも、思ったよりもエサ代がかかること、海水の汚濁が激しいこと、マグロの死亡率が高いことなどがあり、踏んだり蹴ったり。

さらに販売チャネルが整備されていないため、販路が狭く、値下げ要求も厳しいのです。

しかし責任者のガマン部長は、もう２年がんばらせてほしいといっています。「もう２年」と言い続けてはや４年、ガマン部長は後には引けない状況です。

回答 撤退基準をあらかじめ決めてから新規事業を始める

新規事業を始める場合、撤退基準を明確にしておくことが重要といわれています。撤退基準を決めておかないと、ダメ事業をいつまでも続けてしまうからです。

一度始めた事業を撤退するのが難しい理由が、金銭面以外で１つあります。それは担当責任者がギブアップできないという理由です。

責任者のガマン部長は、絶対儲からないとわかっていても、自ら降参の白旗をあげることができません。撤退基準が明確であれば、経営的にも担当者的にも、撤退の意思決定をすることができます。

解説 新規事業は撤退の判断が難しい

◆社内ベンチャー制度で新規事業を考えるのも一案

企業に資金的ゆとりがあるならば、新規事業を考える方法として、社内ベンチャー制度を考えるのも一案です。企業内の人材や設備を活用できるというメ

リットがあります。

かつて日本企業においても社内ベンチャー制度を導入する企業がありました。しかし近年は、人員削減や経費削減の要請が厳しく、社内ベンチャー制度は下火です。また、社内ベンチャー制度の成功例も少なく、制度を廃止した企業が多いのが実情です。

◆新規事業の失敗は、適切な撤退の意思決定が重要

新規事業を始めること自体は、さほど難しい問題ではありません。資金さえあれば始めることはできます。ただし、成功するかどうかは未知数です。

そして、撤退は非常に難しいのが現実です。新規事業に失敗しても、失敗宣言をする人がいないからです。

少なくとも部門の責任者は、自らギブアップできません。なぜなら、事業を立て直す責任を果たせなかったとは、自分からは言い出せないからです。

重要なのは、ダメ事業は、早期に撤退の意思決定をすることです。撤退の意思決定をするための対策として、撤退基準を明確化することです。新規事業を始める意思決定のときに、撤退基準も明確化します。

たとえば、３年以内に単年度黒字を達成できない場合は撤退するとか、５年以内に、投資の回収見込みが立たないとわかった場合など、撤退基準を決めておくのです。

撤退基準を決めてから新規事業を始める

【撤退基準】

①３年以内に、単年度黒字達成できない場合
②５年以内に、投資の回収見込みが立たない場合
③売上高が、当初計画の半分を下回ったとき
④事業責任者がギブアップしたとき（責任は問わない）
⑤最終的なジャッジは、代表取締役の責任で行う

53 胴元ビジネス戦略

脱サラをしてコンビニのFCに加盟すべきか悩むヤマダ君

問題

ヤマダ君は、パワハラ上司のおかげで、日々の仕事に疲れています。思い切って脱サラして、コンビニのＦＣに加盟すべきか悩んでいます。あるコンビニチェーンでは、400万円の自己資金があれば、何とか開業できるという話もあります。

ヤマダ君は営業職なので、体力と接客には自身があります。また、500万円なら、両親が支援してくれるといっています。ただし、両親には会社を辞めるとは話していませんし、お金の用途も内緒です。

回答 人間関係を理由に辞めないほうがいい

どの会社にいても、独立したとしても、人間関係の悩みからは逃れられません。どこに行っても、上司がいるのです。たとえば、コンビニのオーナーになっても、コンビニ本部や顧客が仮の上司になります。会社の社長になっても、株主や世論が仮の上司になります。ベンチャーで独立しても、お金が仮の上司になります。人間関係で辞めると、辞めぐせが出てしまいます。

本題のコンビニですが、個人的にはおすすめできません。コンビニ本部は親(胴元)、ＦＣオーナーは子どもです。胴元ビジネスをやるなら親（胴元）になるべき。子どもは親の言いなりになるしかなく、主導権をすべて握られてしまいます。また何年間以上は撤退できないという契約もあり、一度契約をすると24時間営業、パワハラ上司から逃れるよりもたいへんかもしれません。

解説 胴元ビジネスを目指せ、子どもになるな

◆胴元ビジネスをやるなら親（胴元）になれ

胴元ビジネスというビジネスモデルがあります。競馬、競輪、宝くじなどは、胴元ビジネスです。胴元が確実に儲かるビジネスモデルです。なぜなら、法規

制に守られていること以外に、胴元が儲かるようなルールが最初から作られているからです。

ビジネスでいうと、ＦＣ（フランチャイズ）は胴元ビジネスです。ＦＣ本部が胴元（親）、ＦＣ加盟店が子どもです。胴元が儲かるルールで加盟店と契約します。

ただし胴元は、ある程度、子どもに儲けさせる必要があります。子どもが儲けられなければ、ＦＣ本部は加盟店を増やすことができないからです。

◆子どもは、生かさず殺さずで主導権を奪われる身

胴元になるのは容易ではありません。胴元になるのが容易であれば、すでに誰もがやっているからです。

しかし、新規ビジネスを考えるときには、どうすれば胴元ビジネスの仕組みが構築できるかを考えることは賢明です。

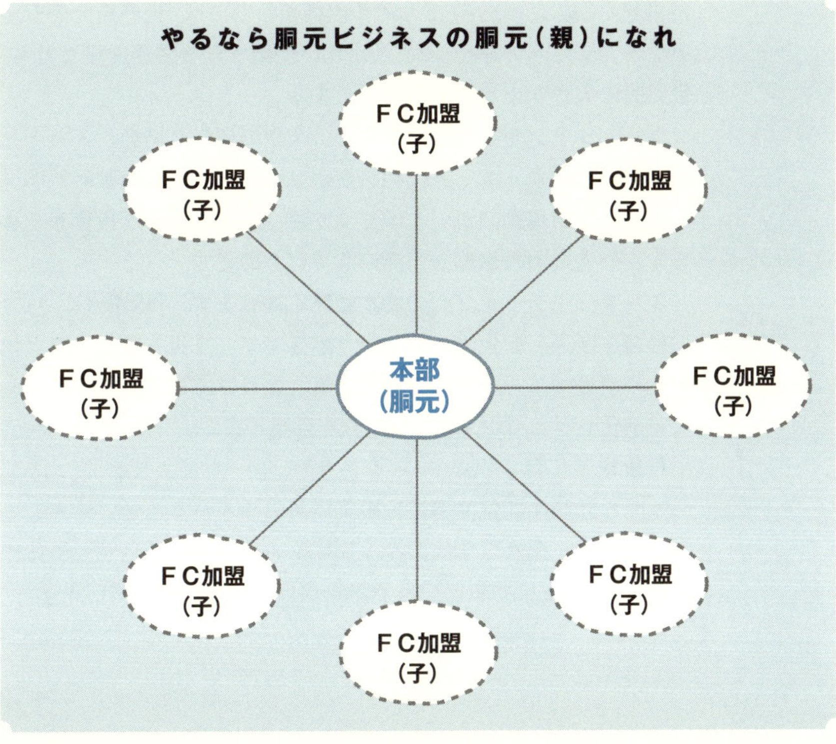

多角化で「グローバルニッチトップ」を目指す日東電工

日東電工は、新幹線社内の電子テロップで「グローバルニッチトップ」を広告していた会社です。新幹線で広告を見た人もいるかもしれません。東証1部に1962年8月27日上場、売上高連結6385億円、営業利益852億円の知られざる超優良企業です。

日東電工は世界シェアナンバーワン商品を数多く持っています。また世界で最も持続可能な企業100社に入っています。

ドメインとしては、ある特定の素材を扱うのではなく、社会で利用される製品の中間材料を、電子素材、自動車製品、工業製品など幅広く手がけます。ただし次の3分野に集中しています。「エレクトロニクス」「エネルギー」「エコロジー」の3分野です。

基本戦略であるグローバルニッチトップは、成長するマーケットを選択し、固有の差別化技術を活かせるニッチな分野を対象にして、世界No.1シェアを目指すことです。

液晶テレビ等に使用される液晶用偏光板、液晶用位相差板、また、熱はく離シートや、ぜんそく治療薬などでは、世界最大のシェアです。また水の浄化・海水淡水化に使用される逆浸透膜なども、世界的に大きな市場シェアを占めます。

トップシェアを獲得することで、市場の新鮮な情報が入ってきます。お客様から真っ先に相談が寄せられ、次々に新製品が開発できます。市場動向がいち早くつかめ、タイムリーな投資ができます。最先端の善循環を可能にしているのです。

「エリアニッチトップ」の基本戦略もあります。「地域（エリア）に最適な製品」を生産するという宣言です。成長するエリア（地域）や市場のニーズを、固有の技術とエリアのリソースを活かして差別化し、エリアNo.1シェアを目指します。

日東電工には、15%ルールと30%ルールがあります。15%の時間を新商品開発や将来の事業成長につながることに投入します。ただし、過去3年間の売上比率において、新製品が占める比率を30%以上にするという目標を掲げ、毎年達成しています。

第7章

マーケティングで売れる仕組みを作れ

54 マーケティングとは何か

営業人員を20人増やしたガンバ電気。なぜ売上が伸びないのか？

問題

ガンバ電気のタマノ常務は、気晴らしにセミナーに参加しようと考えました。「ふうん、営業力アップセミナーか。わが社は、営業力が弱いからな」

セミナーの講師は、大きな声で話す、気合い十分の男性。ある会社でのトップセールスの経験を活かして講師をしているようです。

セミナーに感化されたタマノ常務は、会社に戻って「営業力強化！」と大張り切りです。営業人員を30人から50人増やして意気揚々です。さて、上手くいくでしょうか？

回答　セリングも大切だが、マーケティングを考えるべき

効果はあると思いますが、増員に見合った効果が出るかどうかは不明です。

営業力強化は大切ですが、営業力の前にマーケティングを考えることが重要です。

営業はセリング（販売）であり、売り込む手段です。売り込む手段を考える前に、何を作れば、何を売れば儲かるのかを考えることが大切です。

そのためには、顧客ニーズを把握し、売れる仕組みを構築することが大切です。

解説　マーケティングとセリングの違い

◆マーケティングは売れる仕組み作り

マーケティングは、「売れる仕組み作り」と呼ばれています。一方、営業部門の多くは、マーケティングではなくセリング（販売）に注力しています。セリングとは、「売り込む手段」です。

マーケティングとセリングは、そもそも出発点が異なります。

マーケティングは顧客から考えます。顧客は何を求めているか、ニーズにマッチした製品・サービスを提供するためにはどうするかを考えます。顧客に情報を伝える、顧客の声に耳を傾けることで、顧客とのコミュニケーションを大切にします。

セリングは、まず企業ありきです。いかに目の前の製品を売り切るかにエネルギーを集中します。

セリングは営業力強化であり、企業主体の考え方です。広告を大量に打つことが成功要因であると考えるのは、セリングの発想です。

◆マーケティングと経営戦略の関係

マーケティングの構成要素に４Ｐ（Product、Price、Place、Promotion）があります。経営戦略の機能別戦略に４Ｐを当てはめてみると、商品・サービス戦略（Product）、販売戦略（Place）、情報戦略（Promotion）、価格戦略（Price）に該当します。

すなわち、マーケティングは経営戦略の一部です。企業の存続は、売上がなければ成り立ちません。マーケティングは売上をあげる戦略として、経営戦略の重要な構成要素なのです。

セリングとマーケティング

セリング（販売）	マーケティング
【出発点】企業 ◎まず製品・サービスありき ◎営業力強化 ◎企業主体の考え方 【情報】一方通行 ◎企業の一方的な情報提供 ◎企業→チャネル→顧客	【出発点】顧客 ◎顧客は何を求めているか ◎ニーズにマッチした製品・サービスを提供するためにはどうするか 【情報】双方向 ◎ユーザーの満足に関する情報 ◎クレームに耳を向け積極的改善
売り込む手段	売れる仕組み作り

55 マーケティングの手順

マーケティングをどこから手がけていいか、悩むタマノ常務

問題　マーケティングの重要性を理解したタマノ常務ですが、いったいどこから手をつけていいかわかりません。「そうだ。せっかく営業部を20人増やしたのだから、部門名を変えれば何とかなる」

たいしたヒラメキではなかったようです。さて、マーケティングは、どのような手順で進めればいいのでしょうか。

回答　マーケティングの「3つの段階」に従って進める

マーケティングは、大きくR―ＳＴＰ―MMの３つの段階に分けることができます。１段階目は、Ｒ（リサーチ）です。マーケティング立案に必要な情報を収集します。２段階目は、ＳＴＰマーケティングです。この段階では、ターゲットを明確化します。そして３段階目は、MM（マーケティング・ミックス）です。売れる仕組みを計画して、実行に移します。

解説　マーケティングの手順、R―ＳＴＰ―MM

◆マーケティングのR―ＳＴＰ―MM

まずＲ（調査、リサーチ）を行い、顧客ニーズや市場動向を把握します。そして、市場規模や売上高などの基礎データが収集できれば、マーケティング目標を設定することができます。

マーケティング目標が決まったら、目標を達成するために、マーケティング戦略が構築されます。マーケティング戦略は、ＳＴＰマーケティングとマーケティング・ミックス（MM：Marketing Mix）の２段階に分けられます。

まずＳＴＰマーケティングで、ターゲット顧客を明確化します。そして、マーケティング・ミックスで、売れる仕組みを構築するのです。

◆マーケティングでよく聞く「ターゲット」

ターゲット（標的）の明確化が重要になっています。ターゲット市場、ターゲット顧客を絞り込むことは、選択と集中の視点からも重要です。しかし、あえてターゲットを特定しない全方位型マーケティングもあります。マクドナルドやコカコーラなど強大なブランド力を持つ企業は、全世界・全人類をターゲットとしています。

マーケティング戦略のプロセス

環境分析

R（調査）

外部分析
◎マクロ環境（社会、政治、経済、技術、価値観、ライフスタイルなど）
◎業界、市場（市場規模、シェア、価格、異業種からの参入）
◎競合（Competitor）
◎顧客（Customer）etc…

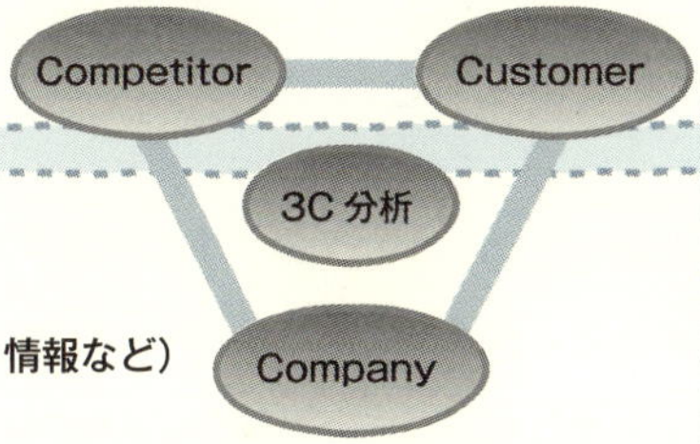

内部分析
◎自社（Company）
◎経営資源（ヒト、モノ、カネ、情報など）
◎コアコンピタンス etc…

マーケティング目標設定

ターゲット市場の選定

STP

STP マーケティング
◎Segmentation（セグメンテーション：市場の細分化 ）
◎Targeting（ターゲティング：標的の決定 ）
◎Positioning（ポジショニング：顧客から見た企業の位置づけ）

マーケティング・ミックスの構築

MM（4P）

ターゲット市場で、売上利益を拡大
◎Product（プロダクト：製品）
◎Price（プライス：価格）
◎Place（プレイス：流通、販売チャネル）
◎Promotion（プロモーション：販売促進）

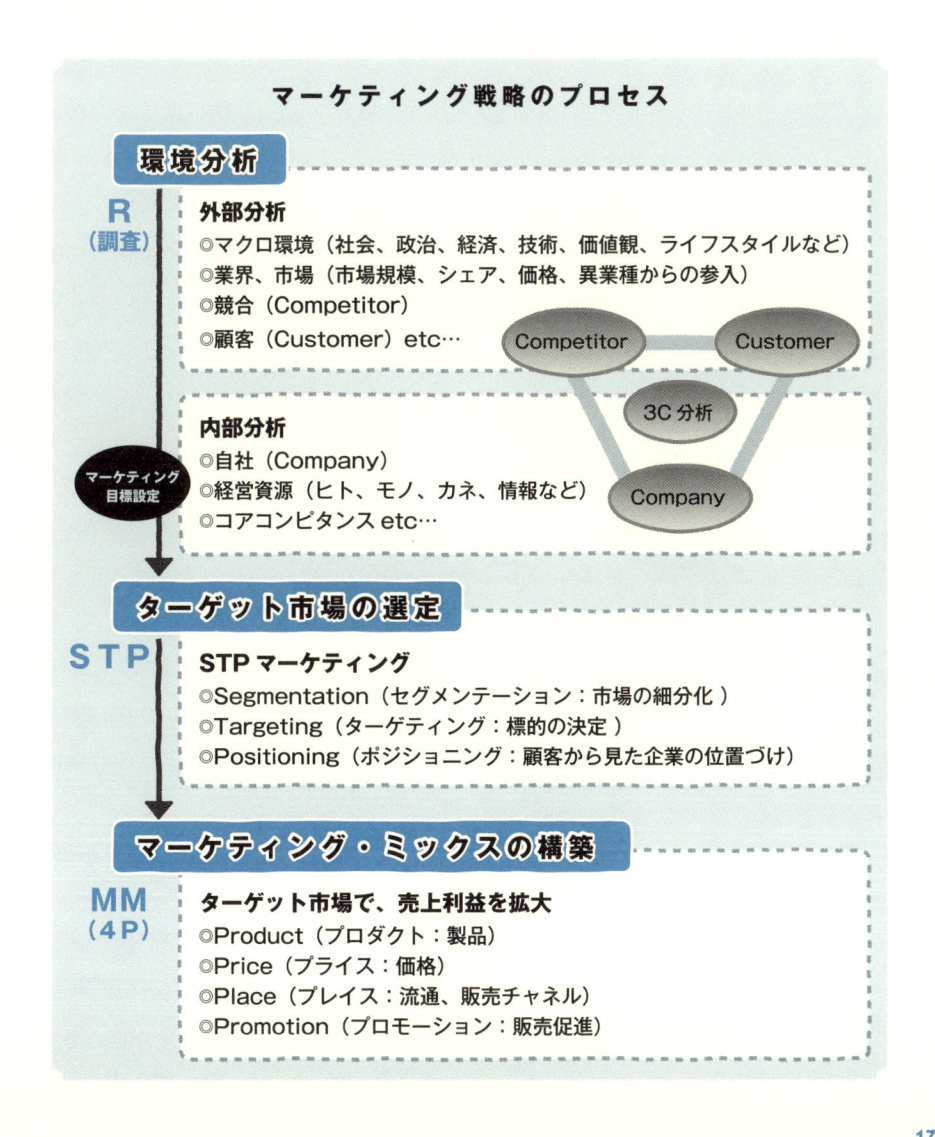

56

マーケティング目標の設定

中国で洋式ドレス販売に打って出たアパレルメーカー

問題

中国での正装といえば、チャイナドレスです。しかし近年中国も、欧米文化が浸透しつつあります。たとえば、かつては牛肉を食べない風習がありましたが、上海などの大都市では、高級料理として牛肉が食べられます。

そこでハラダ衣料は、結婚式などで着られる洋風のドレスを積極的に展開しました。50も店舗を増やしたのですが、需要が開拓できず撤退してしまいました。さて、何が問題だったのでしょうか？

回答 リサーチ不足、時期尚早だった

これは実話です。当時の中国人は、結婚式でドレスを着るのは新郎と新婦だけ。参加者はTシャツなどの私服が普通だったのです。参会者が、おしゃれをして集まるという風習がなかったのです。

リサーチ不足、時期尚早だったといえます。しかし今日の中国では、ドレスで結婚式に参加する人が増えてきました。一度は撤退したその会社は、再度中国に進出し、成功を収めることができました。

解説 マーケティングリサーチ➡マーケティング目標設定

◆「靴を履いていない島民の需要予測」

マーケティングリサーチの留意点として、「靴を履いていない島民の需要予測」が有名です。

ある製靴会社の営業担当者が、島民全員が靴を履いていない島に到着しました。１人目の営業マンは、「ここの島民は靴を履いていない。だから靴の需要はない」と上司に報告しました。

２人目は、「ここの島民は靴を履いていない。だから全員が履けば、ものす

ごい靴の需要がある」と上司に報告しました。

３人目は、「ここの島民は靴を履いていない。そこで村長に、靴というものの説明をした。すると村長は目を丸くして聞いていた。そして、10ドルなら島民の40%は買うだろうといった」と上司に報告しました。

どれが優れたリサーチかは、もうおわかりですね。３人目のリサーチであれば、マーケティングの目標設定ができます。

◆マーケティング目標の設定

マーケティング目標の設定では、２～３年先までの売上高、シェア目標、売上数量、利益目標などを立てます。

近年、予想に反して売れすぎたために、生産が間に合わなくて販売延期になった商品があります。売れすぎという意味では嬉しい悲鳴ですが、販売チャンスを逃してしまいます。たとえば、「お米から作る製パン機」、「カップヌードルごはん」などです。

ちなみに、インターネットの普及で、需要予測が難しくなっているのも確かです。人気商品は、ＳＮＳなどを使ったクチコミで一気に需要が伸びます。

反面、人気がない商品は、悪いウワサがクチコミで一気に広がり、短期間で売れなくなる傾向が顕在化しています。映画の当たり外れが大きいのも、クチコミの影響が大きいようです。

リサーチは具体的なマーケティング目標が設定できるように行う

どのリサーチ結果が正しいか？

①中国人は洋風のドレスを知らない、だから市場はない
②中国人は洋風のドレスを知らない、だからものすごい市場がある
③中国人に聞くと、その価格なら、年収200万円以上の人しか買えないだろう。半額にすれば、年収80万円以上の人なら買うだろう。

↓

マーケティング目標の設定

57 ターゲットを明確化する

シルバー世代向けの掃除機は、ターゲットの絞りすぎか？

問題　ニッタ商品開発課長は、部長にシルバー世代向けの掃除機を開発したいと相談しました。しかし部長は、市場が小さすぎると許可してくれません。

「わが社は大手の家電メーカーではありません。シルバー世代向けでもわが社には十分大きな市場です」と課長がいっても、「ターゲットを絞るとチャンスを失う」と部長は相手にしてくれません。

さて、課長と部長、どちらの味方をしますか？

回答〉ターゲットを絞ったほうがよい

ターゲットを決める場合、すべてをターゲットとする全方位型と、単一市場か複数市場に絞り込んで特定市場にリーチする選択があります。たとえば、携帯電話では、若年層とシルバー層では、ニーズがまったく異なります。ターゲットを分けたほうが賢明です。

シルバー世代向けの掃除機はどうでしょうか。若年層や主婦層と何が違うでしょうか。

シルバー層は、おそらく体力が落ちているので、重い掃除機は敬遠されるかもしれません。軽い、手軽に使えてしまえる、使いやすいというニーズが高いでしょう。今までにない商品なので、ヒットすれば大きいでしょう。私なら、課長に賛成です。

解説〉ターゲットの明確化が戦略の第一歩

◆ＳＴＰマーケティングとは

ターゲット顧客を明確にする方法が、ＳＴＰマーケティングです。ＳＴＰマーケティングは、「①Ｓ（Segmentation：セグメンテーション）」「②Ｔ（Targeting：

ターゲティング)」「③P（Positioning：ポジショニング)」の３つの項目を明らかにするものです。

まず市場セグメンテーション（S）を明らかにします。セグメンテーションとは、市場の細分化です。

セグメントをどう区分するかは、企業のビジョンや目標、業種・業態によって異なります。市場セグメントをどう区分するかは、その企業の戦略そのものなのです。

◆ターゲットを明確化してポジショニングを決める

次に、ターゲット市場とする、セグメントを選択します。選択するための評価尺度は、「セグメントの規模と成長性」「セグメントの構造的魅力度」「会社の目標と資源」の３つです。

ポジショニングとは、ターゲット顧客から見て、企業独自の価値づけをされた「差別化」を認知させる活動です。ポジショニングにより、企業の独自性が市場に認知されることを目指します。

何を差別化するかも、重要な戦略です。製品の差別化、サービスの差別化、社員の差別化、イメージの差別化などがあります。たとえば、ボルボは「世界で最も安全な車」をポジショニングにしています。

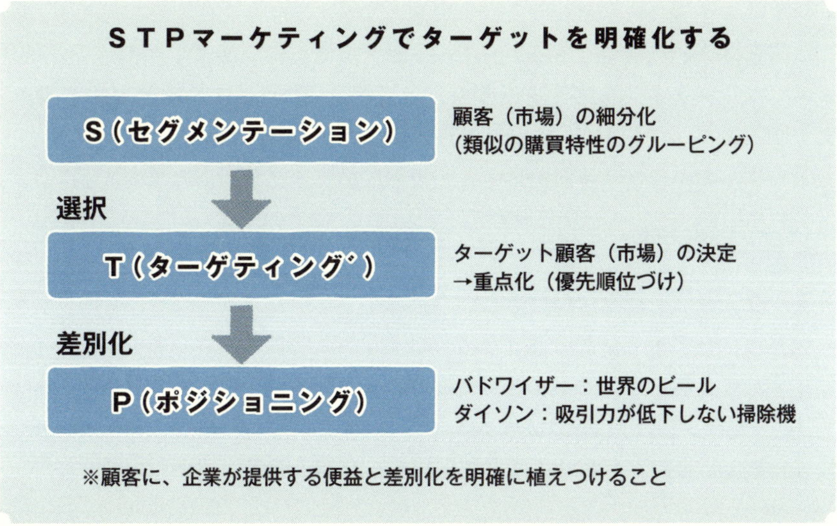
STPマーケティングでターゲットを明確化する
S（セグメンテーション）
顧客（市場）の細分化
（類似の購買特性のグルーピング）
選択
T（ターゲティング）
ターゲット顧客（市場）の決定
→重点化（優先順位づけ）
差別化
P（ポジショニング）
バドワイザー：世界のビール
ダイソン：吸引力が低下しない掃除機
※顧客に、企業が提供する便益と差別化を明確に植えつけること

58 MM（マーケティング・ミックス）戦略

「広告費が2倍あれば」とグチる営業部長。試してみる価値はある？

問題　クチダ部長の口癖は、「広告費が２倍あれば売れるのに」です。今までも広告費を増やしてきました。しかしいくら増やしても、広告費が足りないというのです。

少しずつ増やすのがよくなかったのでしょうか。この際、クチダ部長のいうとおり、広告費を２倍にして一発勝負に出てみるのがよい方法なのでしょうか？

回答　ビジネスをばくちにしてはいけない

広告費という狭い範囲でマーケティングをとらえると、間違った意思決定をしてしまいます。

マーケティングは、４Ｐ（プロダクト、プライス、プレイス、プロモーション）をミックス（組み合わせる）して考えます。

広告費は４Ｐの１つであるプロモーションのさらに一部にすぎません。商品戦略（プロダクト）をどうするのか、価格戦略（プライス）をどうするのか、販売チャネル（プレイス）をどう開拓するのか、販売促進（プロモーション）をどうするのかなど、多面的に考え、資源配分する必要があります。

解説　MM（マーケティング・ミックス）で売れる仕組みを作れ

◆ミックスとは、組み合わせるという意味

MM（マーケティング・ミックス）のミックスとは、組み合わせるという意味です。何を組み合わせるかといえば、マーケティングの４つのＰ（Product、Price、Place、Promotion）です。

４Ｐを上手く組み合わせることで、売れる仕組みを最大化するのです。

◆４Ｐを上手くミックスして、売れる仕組みを作る

製品（Product）同士をミックスするということは、どのような品揃えにするかを決めることです。品種数をどうするか、サイズや色の品揃えをどうするかなどは、製品ミックスです。

製品（Product）と価格（Price）をミックスする、プロダクト＆プライスミックスという方法もあります。たとえば、高級品の製品を高価格設定する、汎用品の製品を低価格設定するなど、製品と価格を組み合わせて、多様な顧客ニーズに対応します。

場所（Place）は販売チャネルです。従来の問屋経由の販売チャネルのほか、ネット直販、テレビショッピング、カタログ通販など、さまざまな販売チャネルをミックスするのは、チャネルミックスです。

販売促進（Promotion）も多様な広告方式があります。たとえば、ネット広告、ＳＮＳ広告、新聞広告、テレビ広告、街頭のチラシ配布など、販売促進をミックスすることで、販売促進効果を高めます。

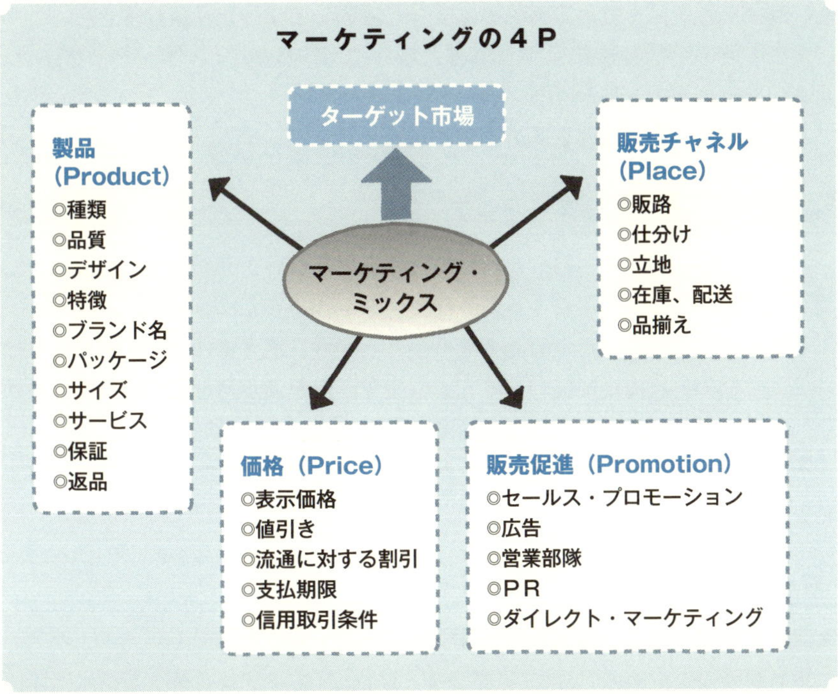

59 マーケティングの4P ① 製品戦略

「顧客の声」と「作り手の声」どっちが大事?

問題

ヘイアン製鞄は、布製のカバンを製造販売し、全国的に店舗を拡大してきましたが、ここ数年、売上の落ち込みが目立ってきています。

営業部では、「お客様が欲しがるような商品が少なすぎる。もっとお客様の声に耳を傾けて、お客様を100%満足させるような商品を作るべき」と主張しています。

一方で製作企画部では、「もっと我々に自由に商品を作らせてほしい。作りたい商品を作れば、絶対に売れるはず」と主張してまったく譲りません。

月に1回の全社会議では、営業部長と製作企画部長が激しく言い合う様子が、すでにお馴染みの光景となっています。

どちらの言い分に理があるのでしょうか。

回答 ニーズを踏まえて開発すべき

製造者の立場として、自分たちが使おうと思えないようなカバンを作るのではなく、自分たちが愛用できるようなカバンを作ることは非常に大切です。

しかし、自社が売りたい製品を売ろうとしても、消費者に受け入れられなければ、ただの自己満足に終わってしまいます。消費者が何を求めているかを知り、そのニーズを満たすような商品開発が必要となります。

そのためには、ニーズを調査するための、何らかの手段を考えて実行に移す必要があるでしょう。

解説 4P戦略 ①製品戦略(Product)のポイント

◆ニーズを取り入れて商品開発を行う

4P戦略の1つめのPは、プロダクト(製品)です。プロダクトの視点は、「何を作れば売れるのか」であり、商品企画により、どんな製品を作るのかを決めます。

プロダクトは、マーケティングの出発点です。具体的には、「品質」「種類」「デザイン」「特徴」「ブランド名」「パッケージ」「大きさ」「保証」「サービス」「返品」などの内容を、具体的に定義することです。

ブランド力を上げるためにも、プロダクトは重要です。そして、そこには顧客ニーズを反映する必要があるのです。

◆顧客参画型の商品企画、プロシューマー構造

顧客ニーズを具体的に反映するために、プロシューマー構造（顧客参画型の商品企画）という手法があります。プロシューマーとは、コンシューマー（消費者）とプロデューサー（生産者）の２つの言葉を合成した造語です。

たとえば、若年層をターゲットとした携帯電話の開発段階で、若年層に試作品を提供し、ダメ出しをしてもらいます。ダメ出しは素直に受けとめて、商品企画にフィードバックします。プロシューマー構造により、ニーズのマッチングが向上します。

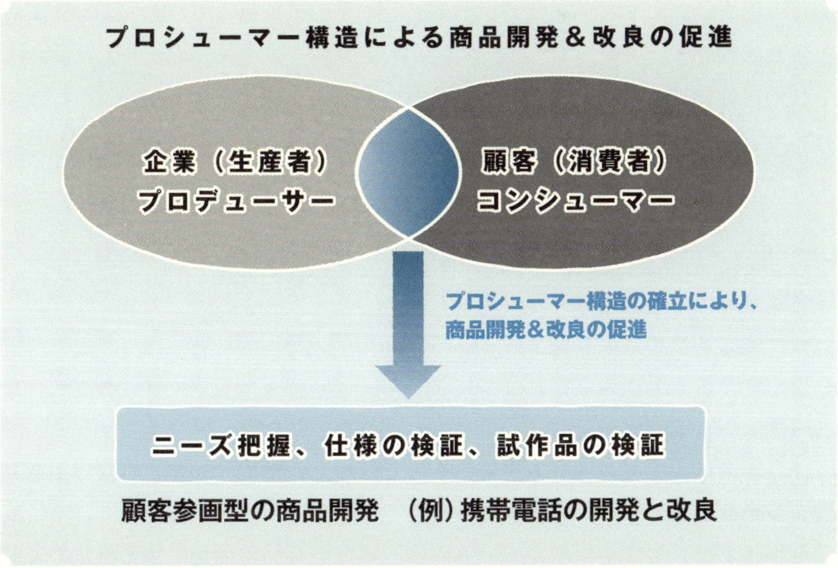
プロシューマー構造による商品開発＆改良の促進
企業（生産者）
プロデューサー
顧客（消費者）
コンシューマー
プロシューマー構造の確立により、
商品開発＆改良の促進
ニーズ把握、仕様の検証、試作品の検証
顧客参画型の商品開発　（例）携帯電話の開発と改良

60

マーケティングの４Ｐ ② 価格戦略

値段は下げられない高額商品、売上増の奥の手は？

問題 マタナイ自動車には、顧客からの値引き要請が絶えません。あと２％値引きしてくれたら買うのにといわれても、営業担当者としてはこれ以上値下げができません。結局時間をかけて営業したにもかかわらず、お客さんに逃げられてしまいます。

そんなある日、営業本部長が営業部門に「目安箱」を置きました。「値段を下げないで売上をあげる方法を提案してほしい」という趣旨で置かれました。

値段を下げないで売上をあげる方法は、あるのでしょうか？

回答 価格戦略を駆使する

価格は値ごろ感が重要です。高すぎても安すぎてもいけません。マタナイ自動車の場合、顧客が高いと感じているようですが、価格を下げられないという板挟み状態です。

高額商品には、金利優遇、分割払いという方法があります。価格は下げないけれども、分割払いで低金利という方法も価格戦略の１つです。低金利時代ですから、ゼロ金利にすれば買いやすさを支援できるでしょう。

解説 ４Ｐ戦略 ②価格戦略のポイント

◆価格戦略は「値ごろ感」が大切

４Ｐ戦略の２つめのＰは、プライス（価格）です。プロダクトが決まったら、いくらで売るかを決めなければいけません。プライスの視点では、顧客の「値ごろ感」が重要です。

プライスは、生産コストで決めるものではなく、市場と顧客との駆け引きで決まるからです。

近年、オープン価格が増えているのは、顧客が製品の価値と価格を決める時代になったためです。

プライスは、具体的には、「希望価格」「割引」「優遇条件」「支払期限」「信用払い」などを定義することです。

◆金利優遇、分割払い、クレジットカードなどで「買いやすさ」を支援

値ごろ感に続いて大切なのは、「買いやすさ」です。同じ価格でも、買いやすさを改善することができます。

これ以上値引きはできない場合でも、金利優遇、分割払い、クレジットカード利用で買いやすさを後押しします。

たとえば、テレビ通販でおなじみの「ジャパネットたかた」は、「20回まで、金利手数料無料」と何度も繰り返して買いやすさを強調します。

クレジットカードの利用を促進することで、買いやすさを支援しているのが「楽天」のカード決済です。

カード利用に抵抗がない人であれば、銀行振込などの手間がかかる店舗より、クレジット決済ができる店舗を選ぶでしょう。買いやすさも価格戦略の1つなのです。

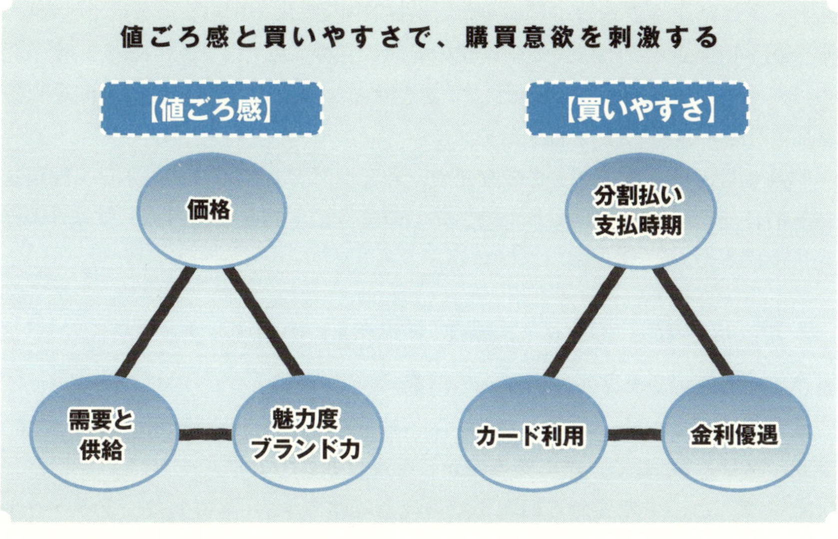

61 マーケティングの4P ③ チャネル戦略

知名度はあっても売上が伸びないネット書店の打開策は？

問題

ネット書店を始めて3年、やっと知名度が上がり、リピート顧客も増えてきたヨムゾ書房。昨年から、CDやDVDも販売を始めて好調です。そこで、もう一段の業績拡大を目指すために、次の2つの提案が社内で出されています。

1つめが、電子ブックを積極的に販売するべきという提案です。2つめは、音楽やビデオをインターネットで配信して販売しようという提案です。

しかし電子ブックは始まったばかりで、先行きが未知数です。また音楽やビデオをインターネットで配信すると、CDやDVDのハードの売上に悪影響が出るのではないかと心配です。

回答 提案を積極的に進めるべき

P．F．ドラッカー博士によると、「世の中の変化を止めることはできない。唯一我々にできることは、その変化の先頭に立つことだ」といいます。電子化の流れを、一企業が止めることはできません。5年後、10年後の動向を可能な限り先取りする必要があります。

結論としては、電子ブックの販売や、音楽やビデオのインターネット配信を積極的に進めるべきでしょう。アマゾンのように、本、CD、DVD以外の商品に広げるのも一案です。

解説 4P戦略 ③チャネル戦略（Place）のポイント

◆ネット販売のチャネルが広がっている

4P戦略の3つめのPは、プレイス（販売チャネル、流通チャネル）です。**プレイスは、「どこで、誰に売るのか」を決めるものです。**

「どこで」は、生産者から顧客までの流通経路です。「誰に」は、ターゲット顧客を明確にすることです。

具体的には、「チャネル」「運送」「在庫」「範囲」「場所」「品揃え」を効果的にするための施策を決め、実行することです。

ここ10数年で、販売チャネルが大きく変化してきました。店頭販売から、ネット販売の販売チャネルが増えてきました。たとえば、楽天は年商1兆円を突破しています。

ネット販売に対抗して、量販店やコンビニでは店頭販売に加えて宅配サービスをするようになっています。

◆ＣＤやＤＶＤから、電子データ販売ビジネスへ

商品形態の変化が、新しい販売チャネルを生み出すことが増えています。たとえば、音楽や映画のＣＤやＤＶＤ販売が、ネット配信での販売に一部移行しています。アップルのアイチューンズストアでは、電子出版の本まで販売しています。

モノ（ハード）からデータ（ソフト）に商品形態が変化する今日、新しい販売チャネルをどう切り開けばいいか、今から考えておく必要があります。

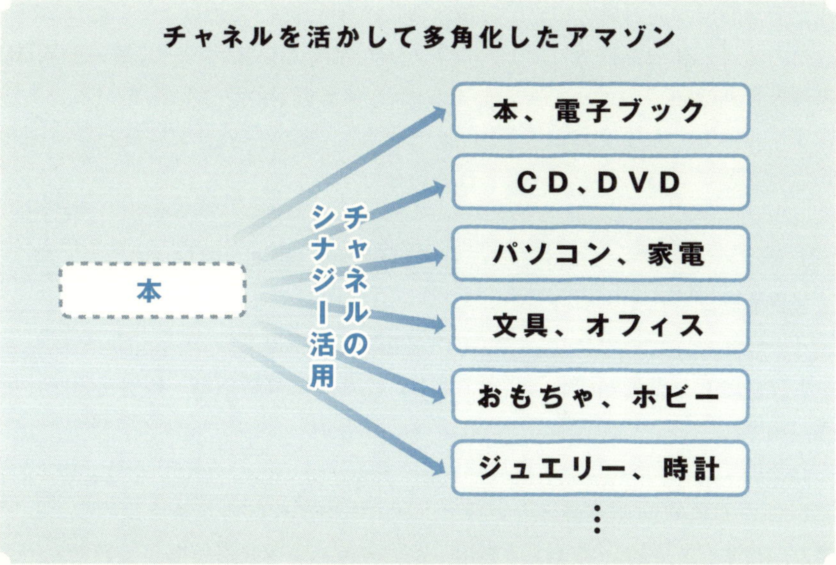

62 マーケティングの４Ｐ ④ プロモーション戦略

広告をするほど、売上が落ちる新製品をどう立て直す？

問題 イマダ食品は、新製品のカップラーメンを数億円の経費をかけてテレビ広告しました。テレビ広告を始めた１週間は、爆発的な売上がありました。しかし２週間後、急に売れなくなりました。

そこで第２弾の広告として、有名女優を投入して新しい広告を作成しました。しかし、テレビ広告をするほど売れ行きが落ちているような気がします。このままでは、スーパーやコンビニから新製品のカップラーメンが消えるおそれがあります。

回答 広告するほど悪評が広まることがある

広告して知名度が上がれば売れ行きがよくなるわけではありません。商品に決定的な問題がある場合は、広告が逆効果になります。

たとえば、新製品のカップラーメンがおいしくない場合、一度買った人は、二度と買わないでしょう。広告をするほど、「あのラーメンはまずい」と気分を害するかもしれません。また知人の多くに、「あのラーメンは買わないほうがいい」とアドバイスするかもしれないのです。

解説 ４Ｐ戦略 ④プロモーション戦略（Promotion）のポイント

◆営業活動はプロモーションの一種

４Ｐ戦略の４つめのＰは、プロモーション（販売促進）です。**プロモーションとは、顧客へ情報を伝えることであり、広告、販売員活動、販促活動などを指します。**

具体的には、「セールス・プロモーション」「広告」「営業」「ＰＲ」「ダイレクト・マーケティング」「オンライン・マーケティング」などの施策を決めることであり、近年、インターネットを利用したプロモーションも急増しています。

◆ＳＮＳを使ったプロモーションが増えている

近年、ＳＮＳを使ったプロモーション（販売促進）が増えています。いわゆるクチコミです。いいクチコミであれば、企業にとって順風ですが、悪いクチコミが流れると、マイナスのプロモーション効果になってしまいます。

有名人のブログを使ったプロモーションを仕掛ける広告会社もあります。たとえば、ノートパソコンなどの新製品を有名人に無料配布して、「講評をブログに書いてください」とお願いします。20万円もするノートパソコンを無料でもらえば、悪口は書けないわけです。ＳＮＳを利用することで、企業にとっては割安でできるプロモーションが可能なのです。

プロモーション手段のいろいろ

広告	セールス・プロモーション	ＰＲ	営業部隊	ダイレクト・マーケティング
印刷、電波媒体	コンテスト、ゲーム、懸賞、抽選	プレスキット	セールス・プレゼン	カタログ
パッケージ(外観)	プレミアム、ギフト	スピーチ	販売会議	郵便物
パッケージ内への差し込み	サンプリング	セミナー	報奨制度	テレマーケティング
映画	ショー、展示会	年次報告書	サンプル	電子ショッピング
カタログ、冊子	展示物	慈善事業への寄付	ショー、展示会	TVショッピング
ポスター	デモンストレーション	スポンサーシップ		FAXメール
名簿	リベート	出版		電子メール
広告の別刷り	低利子融資	コミュニティ関係		音声メール
野外看板	接待	ロビー活動		
ディスプレイ	下取り交換割引	名刺、レターヘッド		
POP	継続的プログラム	広報誌		
AV、ビデオテープ	タイアップ	イベント		
シンボルマーク				
交通広告				
アフィリエイト				
ブログ、SNS				

大塚製薬のロングセラー・マーケティング

オロナミンC、ポカリスエットと聞けば知らない人はいないでしょう。大塚製薬は、医薬品・臨床検査・医療機器・食料品・化粧品の製造・販売・輸入を手がけている優良企業です。売上高約5000億円、営業利益約1100億円です。

大塚製薬のマーケティングは、ロングセラー商品を生み出すことが特徴です。また大塚製薬は、単なる飲料や食品ではなく、機能性飲料、機能性食品をいち早く商品化した企業です。

大塚製薬の代表的な商品は、オロナインH軟膏、オロナミンCドリンク、ポカリスエットで、これらは超ロングセラーです。また、カロリーメイト、ファイブミニ、エネルゲン、ネイチャーメイド（サプリメント）、SOYJOY（ソイジョイ）などロングセラーを続けている商品ばかりです。

ポカリスエットは、点滴の代替品として開発されました。注射器を経由して点滴をするには苦痛が伴います。そこで、口から簡単に摂取できないかを考えました。口から摂取して体内に吸収しやすくするために、血液と同じ浸透圧を持つ飲料を開発しました。それがポカリスエットです。

カロリーメイト、SOYJOYは時間がない忙しい人のための代用食として開発されました。ファイブミニは、野菜をあまり食べていない人が繊維質を簡単に補充できる、野菜の代用食として開発されました。

製品は長期間販売すると陳腐化します。そこで、ときどき新しい味の新製品を出すことで、消費者の陳腐化イメージを払拭します。たとえば、SOYJOYはストロベリー、マンゴーココナッツ、アップル、ブルーベリーなど、12種類が発売されています。売れない品種があれば、販売中止にして新製品に置き換えます。

ポカリスエットの場合は、新製品を投入する代わりに、フレッシュなイメージの広告をします。たとえば、10代の若い女性タレントを使ってフレッシュ感をアピールするのです。

ロングセラー商品になるには、それなりの商品開発コンセプトとプロモーションを継続することが必要なのです。

第8章

イノベーション戦略で強い企業に生まれ変わる

63

イノベーションの7つの機会

チャレンジしろと社長はいうが、失敗をすると減点主義の会社

問題

イトイ社長は革新派を自負しています。何事も新しいことに挑戦することを方針にしています。

社員にも新しいことに挑戦しろと、ことあるごとにハッパをかけます。はじめは部下たちもチャレンジ精神があったのですが、最近は新しいことに挑戦する気にもなれません。というのは、イトイ社長は社員が失敗すると容赦なく降格させるのです。チャレンジ精神を失わせないためにどうすべきでしょうか？

回答　イノベーションを阻害する減点主義をやめる

チャレンジ精神を育成するためには、失敗を許容する寛容さも必要です。失敗すると手痛いペナルティがあるのであれば、社員たちは守りに入ってしまいます。

解説　「内部」「外部」にあるイノベーションの機会を活かせ

企業はイノベーション（革新）の機会に囲まれています。明日を切り開くためにはイノベーションが必要です。

P. F. ドラッカー博士によると、イノベーション（革新）を起こすには、7つの機会に注目することが効果的だといいます。

◆産業内部にある4つのイノベーションの機会

産業内部にあるイノベーションの機会は、4つあります。1つめは、予期せぬ成功と失敗です。これは、最も身近な機会です。たとえば、ペニシリンはブドウ球菌の実験中に、培養皿のフタを閉め忘れて帰るという失敗がきっかけで、発見されました。

2つめは、ギャップの存在です。現在の技術では上手く解決できない場合、解決するための新しい技術開発の機会になります。

３つめは、ニーズの存在です。ニーズを明らかにすることで、ニーズ充足のイノベーションの機会になります。

４つめは、産業の構造変化です。携帯電話からスマートフォンの普及を見てもわかるように、技術の革新により、産業構造が変わるときが機会です。

◆産業外部にある３つのイノベーションの機会

産業外部にあるイノベーションの機会は、３つあります。１つめは、人口構造の変化です。たとえば「少子高齢化」は、人口構造の変化を表す言葉です。

２つめは、認識の変化です。たとえば、「少子高齢化」を強気にとらえると、介護事業などの高齢化ビジネスのチャンスになります。

３つめは、新しい知識の獲得です。これは、通常認識されているイノベーションの形です。

「イノベーション（革新）」のための７つの機会

産業の「外部」にある機会

- **人口構造の変化**（総数、年齢構成、職業分布など）
- **認識の変化**（受けとめ方）
- **新しい知識の獲得**

産業の「内部」にある機会

- **予期せぬこと**（予期せぬ成功と失敗）
- **ギャップの存在**（技術上、業績上、認識）
- **ニーズの存在**（ニーズを明らかにする）
- **産業の構造変化**（技術、ベンチャー企業、インターネット）

64

トップダウンとミドルアップダウン

稟議に8つも印鑑が必要で責任があいまいなハンダ化学

問題 ハンダ化学の管理職は、管理や承認をするのが大好きな人たちばかりです。若いときに厳しく管理されたので、自分たちが管理職になると腹いせのように管理や承認にこだわるようになるのです。

ハンダ化学は何をするにも稟議書を作成し、８つ前後のハンコがなければ承認されません。１つの稟議決裁に 10 日間以上かかります。１人が出張中だとその間ずっと保留状態になるからです。

さらに最悪なことに、稟議決裁された案件が失敗したとき、怒られるのは最初に企画書を書いた起案者です。「誰だ、こんなくだらない提案をしたのは」と、自ら稟議にハンコを押した人が起案者を叱るのです。

ハンコを押した人たちは責任をとらなくていいのでしょうか？

回答　決裁者は３人以下にする

この場合、承認に時間がかかるという問題以外に、責任者が不明確という問題があります。ハンコを押した人が８人もいると責任の所在があいまいになります。本当の責任者は、最後にハンコを押した人のはずです。しかし多くの場合、起案者が責任を負わされるのです。

稟議をどうしてもやりたいのであれば、多くてもハンコは起案者、副決裁者、決裁者の３つ以内にしてほしいものです。稟議は日本特有の決裁方式といわれています。欧米では、企画会議か上司の直接決裁で、責任のない人の承認はいちいちとりません。

解説　トップダウンとミドルアップダウンのバランスをとる

◆稟議で決裁したときの責任者不在が問題

稟議は、会議の手間を省くために、担当者が作成した案を関係者に回覧して、それぞれの承認を求める決裁方式です。決裁権者が決裁する前に、多数の関係者を関与させ、より慎重に幅広く考慮・審査する仕組みです。

稟議で決裁されるまでに、本来決裁権限のない人たちが関わり、何度も修正が求められることも少なくありません。実態を考えると、稟議はボトムアップ型の仕組みといえます。トップダウンであれば、決裁された案件がトップから担当部門に伝えられます。

◆バランスがとれた組織が強い

経営戦略は、本来トップダウン方式が原則です。さらにその戦略に基づいて、具体的な実行計画はミドルアップダウンで立案され推進できるのが強い組織です。

ミドルアップダウンとは、まずトップマネジメントが示した経営方針や経営目標に対して、ミドルマネジメント（中間管理職）が自部門の目標を設定します。この段階で、トップマネジメントに了承を得ます。そしてジュニアマネジメント（現場管理者層）を通じて一般社員に実行させる役割を持つマネジメントです。この両者のバランスがとれた企業が強いといえます。

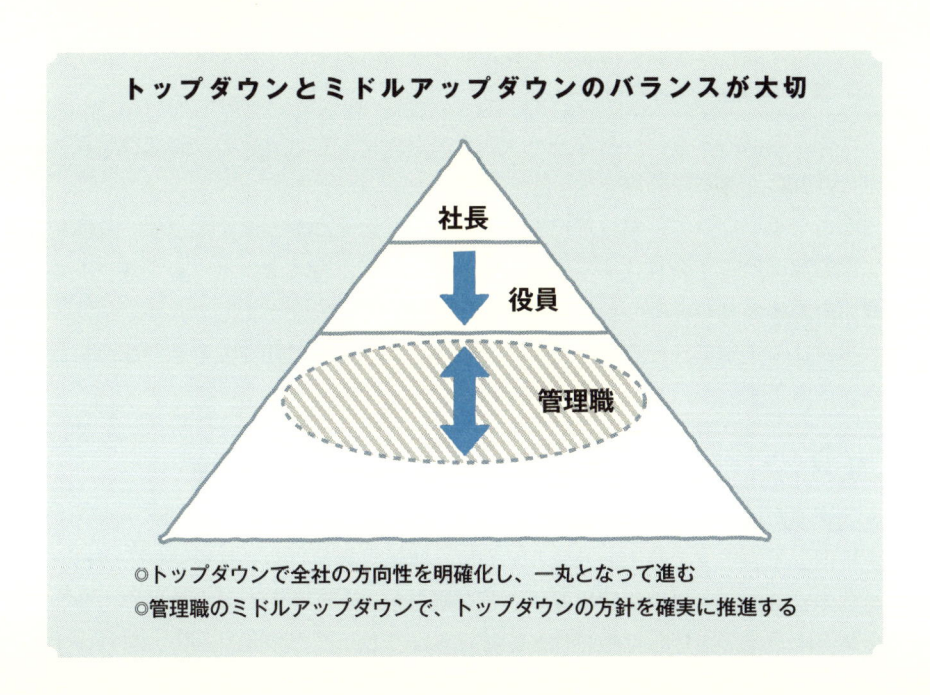

トップダウンとミドルアップダウンのバランスが大切

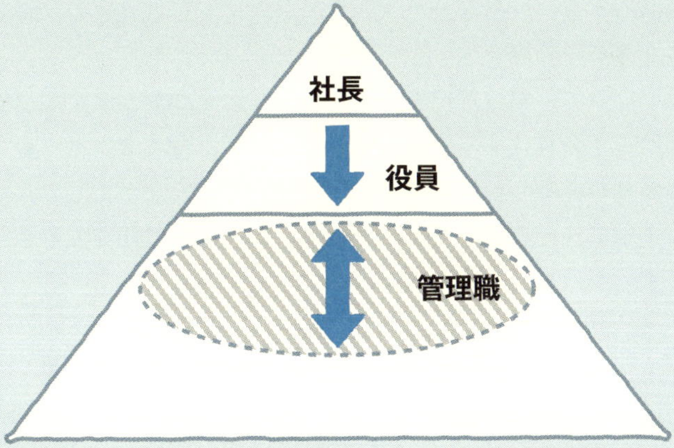

◎トップダウンで全社の方向性を明確化し、一丸となって進む
◎管理職のミドルアップダウンで、トップダウンの方針を確実に推進する

65 アウトソーシング

物流センターと大量のトラックで固定費がかさむマチダ食品

問題

マチダ食品は年中無休で、パンを中心とした食品を配送しています。マチダ食品の悩みは、莫大な借金です。物流センターと大量のトラックを保有しているので、大量の資金が固定費化しているからです。ちなみにトラックは600台、物流センターは15拠点であり、かなりの資金が固定費化しています。

食品業なので本業で稼ぎたいのですが、莫大な借金のために工場に投資する資金が十分調達できません。

その結果、生産設備は競合に比べて10年以上は遅れています。たとえば、競合はアンパンの製造をほぼ自動化していますが、マチダ食品では手作業です。

回答 物流部門は本体から切り離す

マチダ食品の本業は、食品業です。食品関係に先行投資をし、物流はできるだけ身軽になりたいわけです。

そこで思い切って、物流部門を本体から切り離すのがおすすめです。具体的には物流部門を子会社化するのが一案。できれば、物流センターもトラックも専門の物流会社に売却して、配送は業務委託してはいかがでしょうか。

モチはモチ屋に任せろといいます。物流は、物流業に任せて本業に専念したいところです。

解説 アウトソーシングで実現するコアコンピタンス経営

◆できるだけ身軽な経営を目指す

中国などのアジア諸国の台頭とともに、簡単に模倣される技術では、労働コストの安いアジア諸国に勝てないことが明らかになりました。自社独自の強さを持った企業でなければ独自性が維持できなくなったのです。一方、自社ですべてを完結させるには多くの人員と固定費を抱える必要があります。

そこで、自社のコアコンピタンスを活かしながら、身軽な経営の実現が不可欠となっています。**他社と差別化する必要の少ない業務はアウトソーシングで身軽になるのです。**

そもそもメーカーにとって、製品の物流はコンピタンスではありません。トラックを自社購入するより、全国の配送網を持った専門の物流業者にアウトソーシングしたほうが、固定資産が減り、身軽な経営が可能になります。

◆専門性のある優れた企業を外注先として選ぶ

今までの外注化の考え方は、コストの安い小規模企業に仕事を下請けに出すことでした。品質よりも安さを最優先に考えるとか、自社の仕事量を調整することを目的としていたのです。

しかしアウトソーシングでは、単に安さとか、自社の負荷を超えた仕事量をこなすために下請けに出すのではありません。アウトソーシングは、ある分野で専門性を持ち、品質、技術、コストの面で最も優れた企業に委託することです。

アウトソーシング先は、専門技術を有し、設備投資や研究開発投資に積極的な優良企業を選ぶことが大切です。

コアコンピタンスは自社内で対応すべき

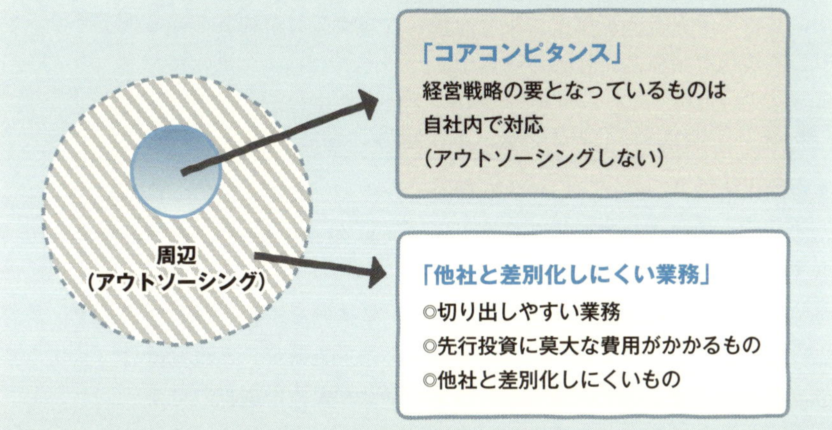

66 水平統合と垂直統合

モジュール化（複合部品化）を考える部品メーカー

問題 Q ヒトリ部品株式会社は、自動車のハンドルまわりの部品を数点作っています。最近はモジュール化（複合部品化）要請が多く、運転席まわりの部品をモジュール化して、カーナビまで標準装備した形で納品してほしいという要請があります。

しかしヒトリ部品はカーナビを作っていないので、すぐにできる話ではありません。さて、積極的に要請に応えるべきでしょうか？

回答 周辺業務を取り込んで胴元になる

単品部品をバラバラに売っていたのでは、どんどん売価が下がる時代です。時代の流れはモジュール化です。モジュール化に対応できなければ、モジュール化を進めている部品メーカーの二次下請け、三次下請けになってしまいます。

「胴元ビジネス」という考え方を126ページで紹介しました。自動車の場合の胴元は自動車メーカーです。部品メーカーが自動車メーカーにはなれませんが、せめてモジュール化で一歩でも親に近づくことが利益を得る近道です。モジュール化を積極的に進めるべきです。

解説 多角化の2つの方向、水平統合と垂直統合

◆多角化には2つのアプローチがある

サプライチェーンは、サプライヤー（部品メーカー）から顧客に商品を届けるまでの一連の業務連携です。

サプライヤー側を上流工程、販売・サービス側を下流工程といいます。多角化の方向として、水平統合（同じ業種同士の企業統合）と垂直統合（サプライチェーンをつなぐ企業統合）を目指すのかは、大きな選択肢です。

水平統合を代表とする業界が、家電やパソコン業界です。サプライヤー、組

立メーカー、物流、販売・サービスが、独立資本によって分業しています。

垂直統合を代表する業界が、自動車やアパレル業界です。たとえば、トヨタ自動車で有名になった「ケイレツ（系列）」は、組立メーカーであるトヨタが、サプライヤーと強い連携を保つことで垂直統合を機能的に果たしています。

ヒトリ部品の例も垂直総合を目指す動きの一種といえます。

◆水平統合と垂直統合のメリット、デメリット

水平統合のメリットは、専門特化しやすい点です。電子技術などの高度な技術開発に資本を集中できます。

デメリットは、販売の支配権を奪われるという点です。家電メーカーは量販店に販売の支配権を奪われ、安売り競争から抜け出せなくなっています。

垂直統合のメリットは、生産から販売までの支配権を確保できる点です。実際に車が値下がりしないのは、自社のディーラー（メーカー特約販売店）網で専売をしているからです。

家電量販店のように複数のメーカーを扱うようになると、車の値段は大暴落するでしょう。垂直統合のデメリットは、巨大な資本力が求められる点です。強者にこそできる戦略といえます。

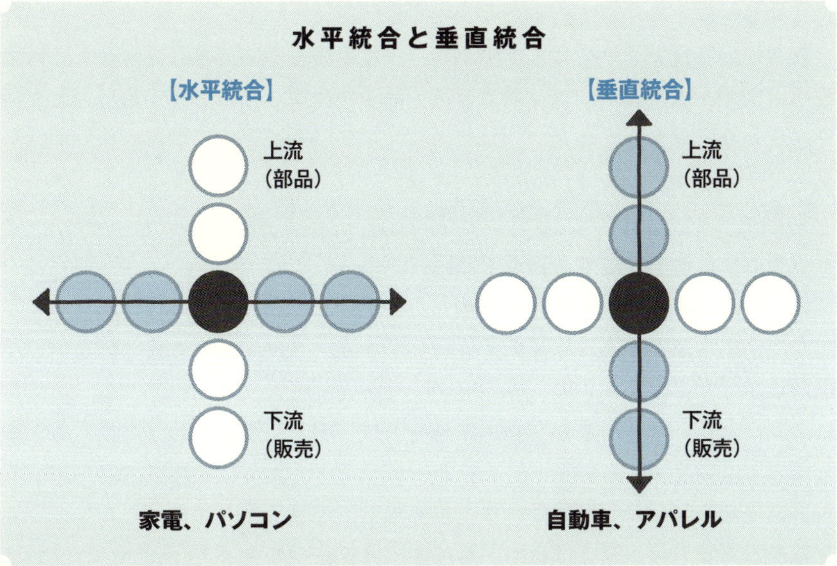

67

グローバルソーシング

国内の売上が減少。アジア進出を悩む飲料メーカー

問題　日本の人口は少子化により、これ以上増えそうにありません。実際、アメダ飲料の売上は頭打ちになっています。アメダ飲料の経営会議では､国内にこのまま注力するか､中国やインドなど海外に打って出るかに議論が二分されています。

さて、どうすればいいのでしょうか？

回答　海外に進出すべき

世界の人口は70億人を超えました。日本の人口は1億3000万人未満ですから、日本の53倍以上の人口が世界にはいます。所得格差はありますが、中国とインドを合わせただけで25億人です。日本の約20倍の市場があります。早期に海外進出すべきです。

飲料の場合は大量生産できますから、一度市場を確立できればメリットは大きいはずです。なおゼネコンのように一品受注生産、かつ労働集約型だと海外進出は容易ではありません。

解説　グローバル化時代の売上拡大とコスト低減

◆世界中から最適な部分を調達する時代

グローバル化、大競争時代が到来し、本格的な国際分業化の時代がやってきました。生産拠点を海外に移転するだけでなく、世界中で最も効率的な国で部品調達する動きが加速しているのです。

エレクトロニクス産業や自動車産業などは、すでに素材や部品を世界各地から調達しています。これをグローバルソーシング（世界最適調達）といいます。

グローバルソーシングの狙いは、世界最適の調達です。グローバルソーシングは単なる安さの追求ではなく、世界中で「技術力が高く」「高品質で」「最もコストが安いところ」からの調達を目指します。

世界最適の調達を実現するためには、簡単に世界中の購入部品のコストを比較できる仕組みが必要です。世界各国からの最新のコストデータを集めたデータベースの構築が不可欠です。

グローバルソーシングのポイントは、大幅なコスト削減、一次サプライヤーの大幅絞り込み、製品開発の短期化、開発の権限委譲、複合部品化、部品の納入リードタイムの短縮などです。

◆自由貿易推進で国内工場の空洞化が一段と進む

近年、ＦＴＡ（Free Trade Agreement：自由貿易協定）の推進が活発になり、各国間での自由貿易が加速しています。

また、ＴＰＰ（Trans-Pacific Partnership：環太平洋戦略的経済連携協定）により、環太平洋のパートナーシップ強化がうたわれています。

協定が締結されれば、産業分野にかかわらず将来的には貿易関税が撤廃されます。工業分野を中心とした賛成派、農業分野を中心とした反対派が対立し、今後の動向に注目が集まります。

自由貿易の流れは止められそうにありません。円高がさらに続けば、現地生産、現地販売で国内工場の空洞化がさらに加速するでしょう。

グローバルソーシングでコスト削減

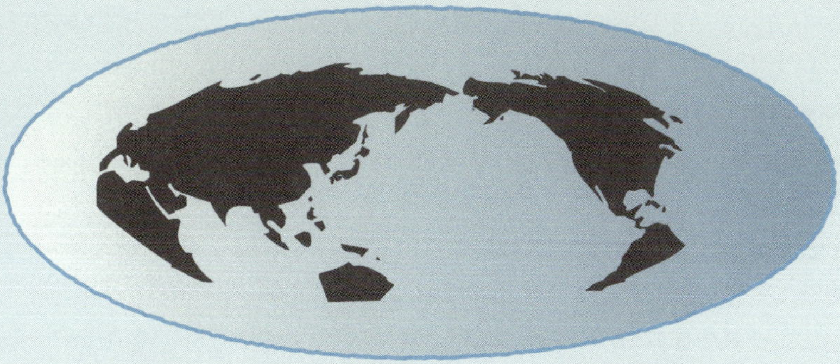

◎ＦＴＡ（Free Trade Agreement）自由貿易協定の促進
◎現地生産、現地販売の加速

68 コンプライアンス

ネーミング募集で集めたメルアドの扱いに悩む担当者

問題

コンタ電機は、まったく新しいコンセプトの掃除機を開発しました。そこで販売の前に、インターネットと新聞広告を使ってネーミング募集をしました。応募は30万件を超える大盛況でした。これにより、メールアドレスや住所が大量に集まりました。

コンタ電機は、ネーミング募集で集めたメールアドレスや住所を使って、この掃除機の販売促進に使おうと考えました。掃除機で集めた情報だから、掃除機に使うのは問題ないと担当者は考えています。何か問題があるでしょうか？

回答 個人情報保護のコンプライアンスに注意

インターネットの普及により､個人情報を法律で保護するようになりました。

インターネットや一般公募で個人情報を集める場合、個人情報の使用制限を明記する必要があります。たとえば､「この個人情報は当選者の商品発送のためのみに使います」というような文言を入れます。

この文言を逆手にとって、個人情報を集める際に、「広告などを今後送付していいですか？　Ｙｅｓ・Ｎｏ」という許諾を得る方法もあります。ネーミング募集の際に許諾を得れば、コンプライアンス違反にはなりません。

解説 企業コンプライアンスの重要性が増している

◆利益最優先では生き残れない時代

企業コンプライアンス（corporation compliance）の重要性が増しています。「企業が法律に従うこと」という意味で使われ、CSR（corporate social responsibility：企業の社会的責任履行）とともに非常に重視されています。

2011年には、オリンパスの投資損失隠しと虚偽のＭ＆Ａによる損失資金穴埋め問題が世間を驚かせました。

コンプライアンス違反をした企業は、損害賠償訴訟などによる法的責任や信用失墜などのペナルティーを課されます。

◆枚挙にいとまがないコンプライアンス違反

偽装請負、個人情報やプライバシーの軽視、従業員や顧客の安全軽視、いわゆるサービス残業、下請けいじめ、企業による脱税・申告漏れ・所得隠し、横領事件、原材料・産地の意図的な偽装、保険業界の保険金不払い事件などもコンプライアンス違反です。

コンプライアンス違反を未然に防止する経営改革が求められています。

コーポレートガバナンス（企業統治）で株主価値を上げる

株主価値の向上

↑

1．アカウンタビリティ（説明責任）

◎企業情報や財務情報の適正開示
◎四半期ごとの決算情報の開示等を通じた情報提供の継続
◎連結財務諸表を米国基準に統一し、財務諸表の適時性、透明性、わかりやすさを向上

2．コンプライアンス（法令遵守）

◎副社長以上の取締役および監査役の代表で構成される「企業行動倫理委員会」を設置
◎従業員に対しては、社外弁護士を受付窓口とした「企業倫理相談窓口」の設置

3．社会的責任（環境含む）

◎事業活動によって経済の発展に貢献
◎よき企業市民として環境問題など社会との調和ある成長と責任を果たしていく

4．外部監査

◎海外の有識者10名前後で構成されるインターナショナル・アドバイザリー・ボード（IAB）を年2回程度開催
◎さまざまな経営課題について、グローバルな視点からアドバイスを得る

69

国内売上の減少対策

大株主に仕入先企業がずらりと並ぶ食品メーカーのジレンマ

問題

ミンナ食品は、東証二部に上場していますが、赤字続きで黒字体質になれません。というのは材料の仕入価格が、競合より高すぎるからです。１年前に調査会社を使って調べたところ、競合より仕入価格が 30%も高かったのです。

ミンナ社長は、事態の深刻さをうすうす感じてはいました。ミンナ食品の大株主には仕入先企業がずらりと並んでいます。仕入先が大株主なので、値下げ要求などを聞いてくれないのです。

言葉には出しませんが、「下げてもいいけど、今度の株主総会は荒れるね」という暗黙の脅しがあったのです。仕入先の変更もできない状態です。

回答 仕入先を大株主にしてはいけない

株主が取引先の場合、制約条件が多くなることがあります。可能な限り、株主からのマイナス影響は避けたいものです。仕入先を大株主にすると、もっと条件がいい仕入先に変更することはできません。大株主からの制約を外す方策が必要です。

すでに述べましたが、一度、株式上場をやめる、ＭＢＯ（マネジメント・バイアウト）という方法があります。経営者と投資ファンドで自社の買収資金を調達し、株式をすべて買い取り、上場廃止します。

ＭＢＯで有名なのがポッカコーポレーションです。現在ではサッポロの傘下になり、サッポロといい意味でのシナジーを発揮しています。

その後、思い切った改革で黒字体質に転換して再上場を目指しています。

解説 ファイナンス戦略による成長力の確保

◆ＭＢＯで株主からの呪縛を外す

上場企業において、現在の株主から逃れるために、ＭＢＯという手法があります。ＭＢＯは、経営者による資本参加です。ただし、経営者だけでは買収資金が不十分なことが多く、投資ファンドとの協働によって上場廃止して株式を現在の株主から回収します。

自由度を得て、株主の影響を最小限にした上で、赤字を辞さない覚悟で思い切った改革を断行します。上場した状態で断行すると、株式の大暴落を誘引します。一度上場を廃止することで、思い切った改革ができるのです。

◆ＩＰＯで資金調達力の自由度を高める

ＩＰＯ（Initial Public Offering）は、株式公開のことです。株式公開は、未上場会社の株式を証券市場（株式市場）において売買可能にすることです。

ＩＰＯによって、株式市場からの資金調達が可能になります。また株高になると、新株発行、転換社債発行などで新たに資金調達することも可能です。ただし、株主や世論からの影響を少なからず受けることはしかたがありません。

ＩＰＯをすると、知名度が上がり、人材集めも容易になります。

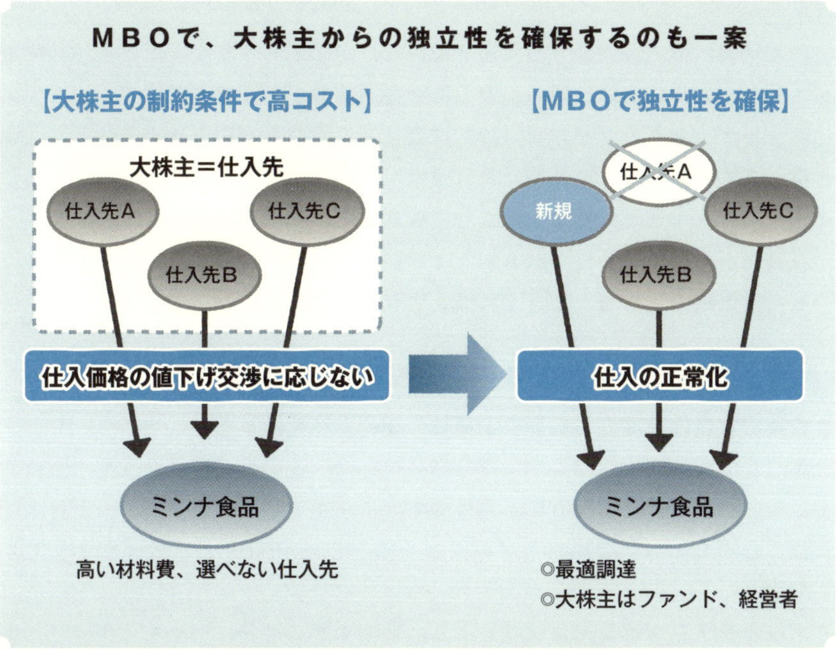

70 ホールディングカンパニー

ファンド買収で3種の事業が合体。会社の行く末は？

問題 マチナカ食品、シマダ機械、マイニチ出版の３社は業績不振もあり、投資ファンドの支援を受けていました。しかし気がつけば、投資ファンド会社に大半の株を保有されてしまいました。

投資ファンド会社としては早期に資金回収したいため、３社をまとめて１つの会社にして上場しました。３つの事業が１つの会社にまとめられたのです。

しかし、まったく縁がない食品、機械、出版の３事業ですから、シナジーを発揮しようにもどうしていいかわかりません。

回答 ホールディングカンパニーで異なる文化を融合させる

企業経営には、共通部分と共通でない部分が必ずあります。たとえば、マネジメントや人材育成は、多くの普遍的な共通部分があるはずです。

ホールディングカンパニー（持ち株会社）で異なる文化を融合させることを目指します。共通部分や長期経営計画は、ホールディングカンパニーが担当します。一方で事業部は株式会社にして独立した経営を行います。

成功例があれば、各社で共有するといいでしょう。せっかく同居することになった異業種ですから、どうすればシナジーが活かせるかを考えます。

解説 強い会社を目指すための企業形態

◆企業の独自性を活かしながら企業体の総合力を発揮する

ホールディングカンパニー（持ち株会社）は、他の株式会社を支配する目的で、その会社の株式を保有する会社です。ホールディングカンパニーが日本で可能になったのは、金融ビッグバンの一環として1997年に法改正があってからです。

ホールディングカンパニー制により、戦略や共通部分については中央で、事業特有のものは各事業会社で行えばよくなったのです。

ホールディングカンパニー内での資源再配分も可能になるので、事業間のシナジーをいかに最大化するかを考えます。

◆ホールディングカンパニーの主な形態

持ち株会社をつくる方法は、抜殻方式、株式移転方式、株式交換方式などがあります。

抜殻方式は、自ら行っている事業を子会社に移し、持ち株会社自体は事業を持たない状態にするものです。子会社を多く有し、グループ統括に専念する場合に用いられます。たとえば、ニチレイなどがあります。

株式移転方式は、持ち株会社となる完全親会社を株式移転によって新規に設立するものです。複数の会社による株式移転は合併代替方式とも呼ばれます。たとえば、バンダイナムコホールディングス、セガサミーホールディングス、テレビ東京ホールディングスなどです。

株式交換方式は、既存の会社を株式交換によって完全親会社に仕立て上げるものです。みずほフィナンシャルグループ、キョーリン製薬ホールディングスなどがあります。

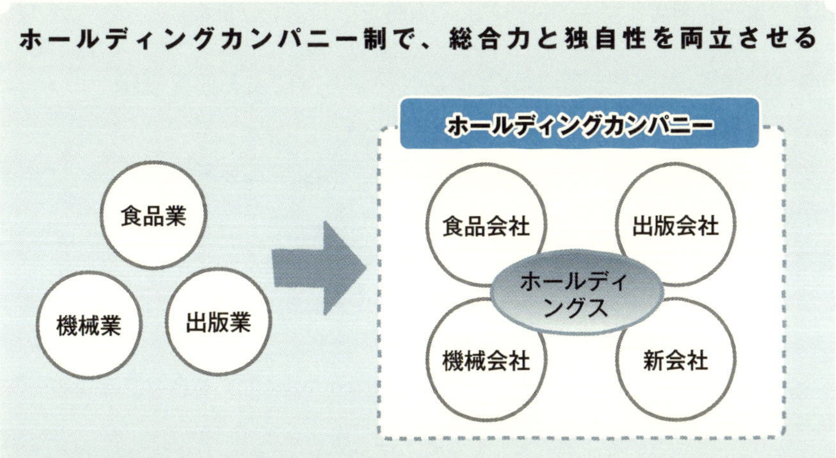

71

イノベーションと成長戦略

途上国では売れないパソコンメーカー。打開策はどこに?

問題

パソコンのデルは、ネット販売で売上拡大してきました。しかしパソコンが普及していない途上国では、まったく売れないのです。

そもそもパソコンの使い方も知らない、パソコンを所有している人がいない国では売れるはずがありません。さて、どうすればいいのでしょうか?

回答 現地の販売代理店と提携して販路を拡大する

パソコンのデルは、インターネットでカスタマイズ注文できるビジネスモデルを成功させました。しかし、どんなビジネスモデルも永遠に有効なわけではありません。３年もするとビジネスモデルは陳腐化します。実態に合わせたイノベーションが必要です。

デルでは実際、途上国でパソコンが売れない状況に陥りました。現在では、現地の販売代理店と積極的に提携して販路を拡大しています。

解説 ビジネスモデル構築とイノベーションによる成長戦略

◆ビジネスモデルは３年もすると陳腐化する

ビジネスモデルは、ＫＦＳ（主要成功要因・108ページ参照）を含めて儲けの仕組みを構築したものです。ビジネスモデルを構築することは簡単ではありませんが、ビジネスモデルを作るのが経営者の仕事の１つです。

ビジネスモデルを成功させても、競合に必ず追随されます。３年もすると、ビジネスモデルは陳腐化します。外部環境の変化、競合の追随、社内のマンネリ化などで、永遠に安泰なわけではありません。ビジネスモデルを進化させていくことが大切です。

◆イノベーションにより成長戦略を目指すユニクロ

ユニクロはＳＰＡ（Speciality store retailer of Private label Apparel：アパレルの製造直販型小売業）というビジネスモデルを完成させ、格安のフリースやＴシャツなどを販売しました。

しかし３年もすると、大手のアパレルメーカーは、ＳＰＡのビジネスモデルを模倣します。

ユニクロの次の手は、機能性素材による差別化でした。冬に温かい、夏に涼しい機能性素材で一世を風靡しました。

近年のユニクロの戦略は、世界制覇です。各国の超一等地、日本なら銀座のような一等地に巨大店舗を出店します。

たとえば、ニューヨーク、パリ、ロンドンの中でも超一等地に巨大な旗艦店（そのブランドを代表して中心的な存在となる店）を出店します。

さらにユニクロは、途上国にも注力しています。たとえば、バングラデシュでは政府と提携して、１ドルＴシャツの販売を目指しています。

ユニクロは全人類に服を提供するというコンセプトで、世界制覇を目指しています。まさに、コカコーラやマクドナルドのような世界制覇の勢いを感じます。

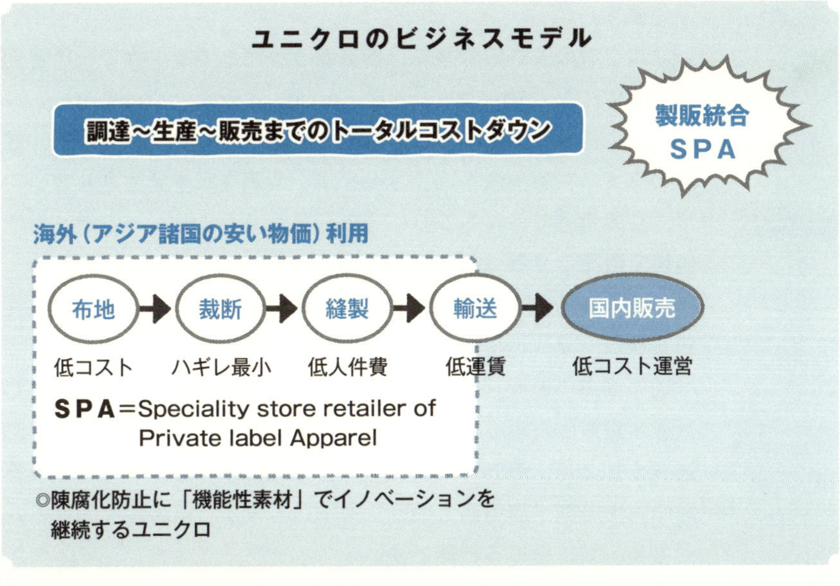

イノベーションを繰り返すユニクロの成長戦略

株式会社ユニクロは、衣料品の生産販売を一括して展開する、株式会社ファーストリテイリングの完全子会社です。ユニクロの語源は、前身である「ユニーク・クロージング・ウエアハウス」(UNIQUE CLOTHING WAREHOUSE) という店舗名称です。

ユニクロはもともとは、自社開発のブランドで衣料品を販売する製造販売会社でした。アメリカン・スタイルの倉庫風の建物内にクラシックな映画ポスターや有名スターの写真を展示した特徴的な店舗でした。店舗は全国に展開し、またいち早く中国に優良な工場を持ち、低価格で調達するビジネスモデルを構築しました。

1997年ごろから、アメリカの衣料品小売店、GAP (ギャップ) をモデルとした製造直販型小売業 (SPA) への事業転換を積極的に進めました。デフレ経済にマッチした低価格・高品質商品の展開とユニークな広告で、ユニクロは一躍有名になりました。

ユニクロのヒットのきっかけとなったのはフリースです。2000年秋冬にはCMモデルに松任谷由実らを起用し大ヒット。この現象は「フリース旋風」と呼ばれ、衣料品業界を席巻し社会現象を起こしました。

その後、業績が低迷しましたが、買収による業績回復を果たしています。

ユニクロの安さの源泉は、製造から小売までを1社で一括管理する、SPA (Speciality store retailer of Private label Apparel) というビジネスモデルです。販売と生産を連動させることで、在庫の充実と在庫削減を両立させます。余剰在庫を発生させないので、在庫処分セールをムリにする必要がありません。安定した低価格で販売できる体制を構築しています。

また、有名になった夏涼しい素材、冬温かい素材などの機能性新素材は、東レと提携して開発が進められました。

近年は海外戦略に注力しています。「社内の標準語は英語」と社長が宣言したように、海外の出店数を増やしています。すでに述べましたが、海外の出店戦略は、銀座のような、その国の一等地に巨大店舗 (旗艦店という) を出店します。その国でのブランド力を一気に高める戦略です。

第9章

ローコスト戦略でデフレ経済に立ち向かえ

72 PB（プライベート・ブランド）商品の開発

コンビニチェーンの、さらなるPOSデータ活用法は？

問題

コンビニ本部が、POSデータ（販売時点データ）をリアルタイムに把握し、売れ筋商品の分析に役立てたのは大成功でした。これにより、本部からの円滑な商品供給と店頭での欠品防止を可能にできました。

しかしPOSデータをもっと有効活用できないかという議論がされています。さて、どう活用すればいいのでしょうか？

回答 PB商品の開発を加速させる

POSデータは、発注や販売業務の効率化、販売分析と品揃えの改善以外に何に使えるのでしょうか。それは商品開発です。

通常のメーカーが生産している商品は、NB（ナショナル・ブランド）商品といいます。一方、コンビニや量販店が、独自の仕様で独自のブランドを確立したものをPB（プライベート・ブランド）商品といいます。

POSデータを分析すると、どのような新製品を作れば売れるのかがある程度予測できます。売れそうな商品をNBメーカーと提携してPB商品にすれば、メーカー直仕入で中間流通をカットできるため仕入価格を下げられます。

解説 販売データに基づいて商品を開発する

◆POS（販売時点）データで品揃えを改善する

POSデータは、販売品目、時間帯、そして購入者の属性（性質や特徴）を保存しています。購入者の属性は、レジを打つときに男女や概略年齢を打ち込むか、ポイントカードの提示で記録します。

POSデータで、売れ筋商品、死に筋商品が容易に把握できます。コンビニやスーパーのチェーン店であれば、売上分析の本部集計も容易です。また仕入発注にも連動できます。ＰＯＳデータを使うと、品揃えを改善できるのです。

コンビニの場合、狭い店舗ですべての日用品、かつ売れ筋商品を揃えることで便利さを演出します。そのため、電池などの必需品は、1アイテム1メーカーが基本です。たとえば、単一乾電池は、1メーカー1品種があれば十分です。

なお、新製品が出たときは、1週間ずつ置き場を変えて販売します。たとえば、1週間目は最上段、2週間目は上から2段目、3週間目は上から3段目と置き場を変えます。その間に予定通りの販売量に達しない場合は、撤去候補になります。

◆ＰＢ商品を作るとメーカーにも小売にもメリットがある

ＰＯＳデータを使って、近年コンビニやスーパーのＰＢ商品が増えています。すでにセブン-イレブンでは多くの商品がＰＢ商品です。

スーパーでは、イオンのトップバリュが有名です。500mlの雑穀酒が88円と、価格破壊を促進しています。

ＰＢ商品は既存のメーカーと提携して開発されます。ＰＯＳデータの活用により、仕様をコンビニやスーパー本部が決定して、メーカーに生産依頼をするのです。メーカーにとっては確実に販売面積を確保できるので、積極的に取り組んでいます。

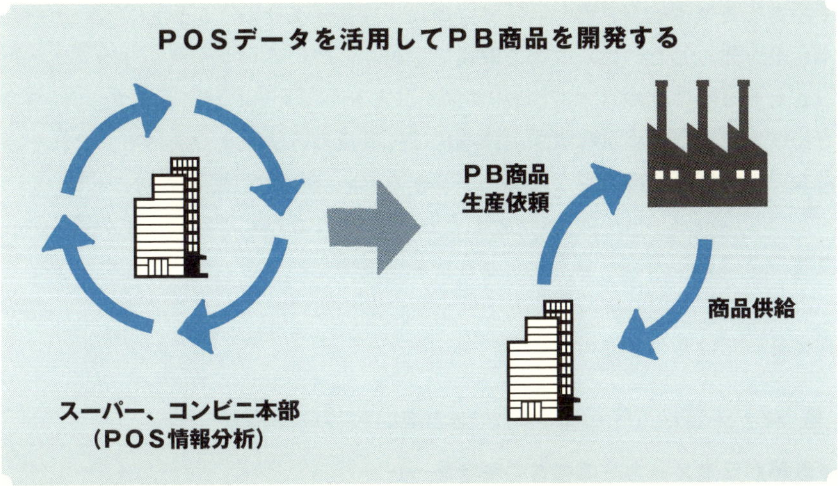

73 TQM

改善の提案が受け入れられない食品メーカー

問題

カコダ食品は、マニュアルにないことをやると上司から怒られます。「わが社は業務を標準化しているので、決められたこと以外をやるな」というのです。

しかしカエダ君は、やり方を変えるともっと仕事がスムーズになると感じています。たとえば、機材の置き場を変更すると、何度もとりに行く往復の時間を短縮できます。また、作業のやり方を工夫すると、作りすぎで廃棄している量を減らせるなど、20個以上も気づきがあります。

標準化で作業を安定させることも大切ですが、品質に悪影響を出さないで業務が効率化できるなら、やり方を変更してもいいと思うのですが。

回答 こまめに効率化の改善を行うべき

日本企業の強さは、標準化（仕事の手順や部品などを統一化すること）によって品質を安定させたことといっても過言ではありません。しかし、もう１つ日本企業を強くしたのは、改善の継続です。

もともと標準化の考え方に、「ワン・ベスト・ウェイ」があります。「最良の方法は１つ」という意味です。標準化は、最良の方法を１つ決めて、それをみんなで守れば品質の安定と効率化ができるというわけです。

ただし、現在ワン・ベスト・ウェイでも、その後にもっと優れた方法が見つかった場合は変更します。つまり、改善によって新しいワン・ベスト・ウェイを見つけていくことで、継続して効率アップを進めるのです。カコダ食品は、標準を変更していくべきといえます。

解説 TQM（TQC）で足腰が強い会社を目指せ

◆改善が日本メーカーの強さの秘密だった

ＴＱＣ（Total Quality Control）は、全社的品質管理のことです。ＴＱＣは、ボトムアップ的に改善を推進します。その推進母体となるのがＱＣサークルです。

ＱＣサークルは、同じ職場内で品質管理活動を自主的に小グループで行う活動のことです。ＱＣ手法を活用して職場の管理、改善を継続的に全員参加で行います。

またＴＱＣ推進事務局を設置して、半年に一度、全社の職場から集まって、ＴＱＣの成果を披露する発表大会を行います。

ＴＱＣを、さらに経営的に進化させた活動がＴＱＭ（Total Quality Management）です。ＴＱＭは、総合的品質経営と呼ばれる企業の取り組みです。ＴＱＣで唱えられた組織全体として統一した品質管理目標への取り組みを、経営戦略へ適用したものです。

◆改善と改革を適度に繰り返すことが大切

改善は日々飽きずにやることが大切です。しかし改善もある程度進めてくると、改善できる部分が減り、改善効果が少なくなります。そこで３年に一度は改革をします。

改善と改革のどちらかが必要なのではなく、両方必要なのです。改善と改革を適度に繰り返すことが肝要です。

ＴＱＭの改善で、よりよいワン・ベスト・ウェイを見つける

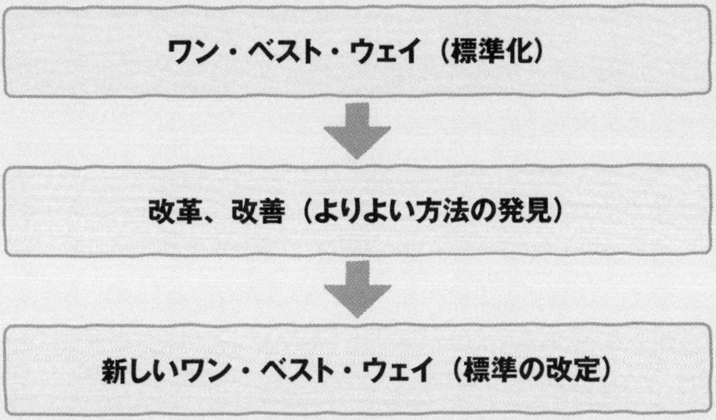

74 シックスシグマ

出荷製品の不良品が1万台に1台。はたしてそれで合格か?

問題 シナダ機械は、改善活動と品質管理を継続し、出荷製品の不良品がわずか1万台に1台の水準まで減らしてきました。「部長、やりましたね」「そうだね、ヤリタ課長」と工場では盛り上がっています。

さて、1万台にわずか1台の不良率、もう十分な水準だと思うのですが、もっと目標値を上げるべきでしょうか?

回答 不良率の目標値 100万分の3を目指せ

不良率の目標値でよく参考にされるのが、6σ(シックスシグマ)です。シグマ(標準偏差)は統計の分野でバラツキを示す数値です。

3σは千三(せんみつ)とも呼ばれ、1000回に3回の確率です。かなり希少である意味でも使われます。

しかし米国のGE(ゼネラルエレクトリック社)では、6σの「100万回に3.4回の確率」まで不良を減らすべきだとしています。1万台に1台の不良率ではまだ多いというわけです。

解説 シックスシグマで筋肉質の会社にする

◆メーカーが不良率を下げるためのスローガン

品質管理手法の1つに、シックスシグマがあります。メーカーでは、製造部門だけではなく、間接部門にも適用されています。また、サービス業などの非製造業にも適用されています。

統計分析手法、品質管理手法を体系的に用いて問題発生の原因究明と対策を行って不良率を引き下げるスローガンとして、シックスシグマという言葉が使われました。

シックスシグマの活動を、社内で推進するプロフェッショナルを「ブラックベルト（黒帯）」と呼んでいます。日本の柔道の黒帯から命名しています。

◆シックスシグマを推進するＭＡＩＣプロセス

シックスシグマを推進する手法として、ＭＡＩＣプロセスがあります。Measure（測定）、Analyze（分析）、Improve（改善）、Control（改善定着の管理）のステップからなる経営変革手法です。

ＭＡＩＣプロセスは、VOC（Voice of Customer、顧客の声）をもとにして事業活動を分析してプロセスの改善を進めます。

シックスシグマでいち早く成果をあげたのが、米国のＧＥ（ゼネラルエレクトリック社）です。エジソンが創立した会社として有名です。日本では東芝が積極的にシックスシグマを推進しています。

東芝では、定義づけのDefineを加えたDMAIC手法として、Define（定義）、Measure（測定）、Analyze（分析）、Improve（改善）、Control（管理）のプロセスを適用しており、またDFACE手法として、Define（定義）、Focus（現状認識）、Analyze（分析）、Create（設計）、Evaluate（確認）のプロセスも社内で適用しています。

シックス・シグマにおける行動のプロセス

MAIC手法（改善手法）

Measurement：測定
Analysis：分析
Improvement：改善
Control：改善定着の管理

DMAIC手法（経営改革手法）

Define：定義
Measure：測定
Analyze：分析
Improve：改善
Control：管理

DFACE手法（商品企画と製品開発プロセスを革新）

Define：定義
Focus：現状認識
Analyze：分析
Create：設計
Evaluate：確認

75 ジャストインタイム

トヨタ生産方式を導入した漬け物メーカーは、なぜ失敗したのか?

問題　トヨタ生産方式がすごいというので、漬け物会社のタヨト社長は自社にも導入しようと考えました。そこで、専門家を呼んで、現場指導を半年にわたって受けました。

その結果、漬け物工場は非常に整理整頓できました。また、何がどこにあるか一目でわかります。ＪＩＴ（ジット：ジャストインタイム）で、受注と生産を連動させるのです。

しかし２年後、その漬け物会社の売上が激減したのです。材料の在庫が少なすぎて、漬け物の生産が間に合わないのです。浅漬けはいいのですが、２～５年間かけて作る古漬けの在庫が不足してしまったのです。

回答　高額商品、在庫スペースが大きい商品はジャストインタイム

自動車メーカーがジャストインタイムにこだわるのは、高額商品、在庫スペースが大きい商品だからです。売れるかどうかわからない車を100万台先作りしたらどうでしょうか。

仮に1台100万円の材料費だとすれば、材料費が1兆円も在庫状態で眠ることになります。利益を生まない資金が固定化します。また、1台あたり1ヶ月の在庫管理費3000円としても、毎月30億円も経費としてムダになります。

では漬け物会社ではどうでしょうか。自動車とまったく条件が異なります。また、何年もかかる漬け物であれば、かえって多めの在庫を持つことが重要です。他社が成功しているものを、自社にそのまま導入するのは問題でしょう。

解説　ジャストインタイムで在庫削減とコスト削減を両立

◆業界によってコスト削減の方策は異なる

材料費が安い、在庫スペースが少量で済む業界は、ある程度ロット生産（ま

とめ作り）のほうがコストダウンになる場合もあります。

自動車のような高額商品では、ジャストインタイムが、トータルコストを低減します。トヨタの場合、生産計画と販売が完全に連動しています。営業が販売契約をした時点で、「何月何日生産予定の車を引き当てる（販売可能な在庫の確保）」ことを確定します。その製品は、これから生産予定の製品まで引き当て可能です。

◆翌日配送で物流在庫を減らしたヤマト運輸（荷物追跡システム）

ヤマト運輸が翌日配送を進めたのは、物流センターのスペースを最小限にする効果を狙ったとも考えられます。翌日配送であれば、最大１日分の倉庫スペースで運用可能です。しかしもしも３日間かかったらどうでしょうか。今の３倍の倉庫スペースが必要になるのです。

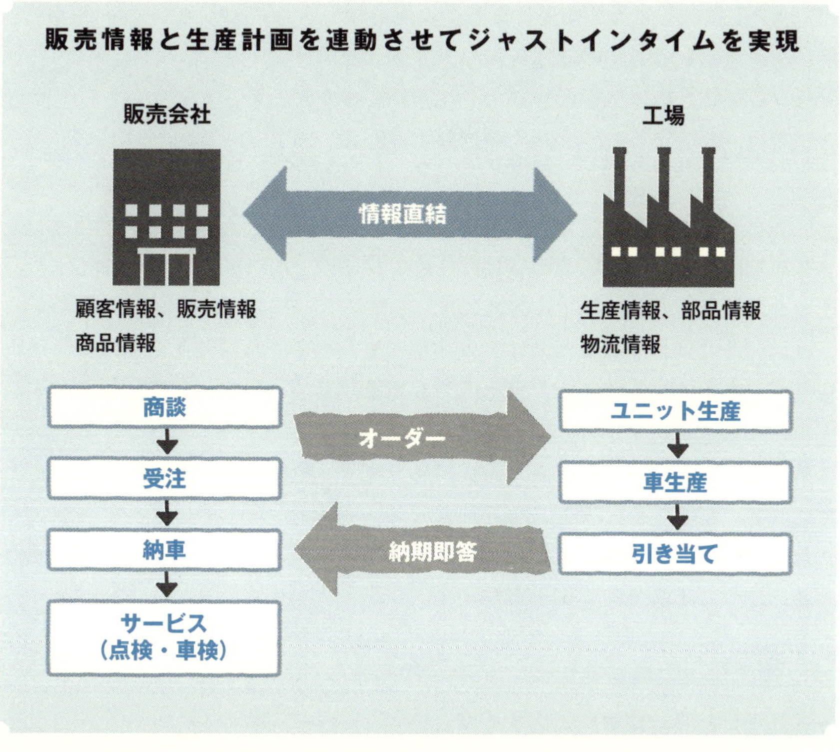

76 セル生産

多機種の上にカラーが 20色。設計変更も多い電話メーカー

問題 携帯電話は、在庫スペースは自動車よりも格段に少ないですが、1台数万円近くする高額商品です。売れない在庫を作ってしまうと、損失が大きいのです。

また、半年～1年も経つと新機種になり、旧式になった製品の価値が激減します。まさにジャストインタイムにふさわしい業界です。

イロイ電機は、携帯電話のバリエーションを増やす決意をして、カラーを20色から選べる機種を発売しました。女性が好きなパッションピンクはもとより、考えられるあらゆる色を取り揃えました。

しかし問題なのは、在庫がきわめて多く必要だということです。さて、生産体制では、どのような工夫が必要でしょうか？

回答 ベルトコンベアで流すのではなく、セル生産に切り替える

在庫を減らす究極の生産方式は、「そば屋方式」です。注文を受けてから、生産を開始してお客に届ける方式です。

とはいえ、携帯電話は店頭に在庫を持っておかなければ、他機種に乗り換えられてしまいます。そこで、最小限の在庫を守りつつ、売れた機種を追加生産するジャストインタイムの方式を考えます。

具体的には、セル生産という方式があります。セル生産とは「屋台方式」と呼ばれています。そば屋方式を具体化する一方式です。

作業員が屋台のような狭い作業台に入って、1人で1台の携帯電話を完成させるのです。1品受注生産を可能にする生産方式です。

解説 セル生産でフレキシブルに対応する

◆ 多品種化と設計変更に対応する屋台方式

ベルトコンベア上で製品を組み立てる場合、1品種をロット生産（まとめ作り）することになります。1回に1品種を大量に生産するほど、品種切り替えの時間ロスを減らすことができます。

ただし、ロット生産は、不要な在庫までを作る一方、不足した品種の在庫を追加生産するのは不得意です。

ロット生産の弱点を克服したのが、セル生産です。屋台のような形の組立台に、すべての部品を準備しておきます。そして作業者は、1人1台ずつ組み立てます。作業者の習熟度が上がると、1台ずつ異なる品種を組み立てることも可能です。セル生産は、必要なときに、必要な品種を、必要なだけ生産する方式なのです。設計変更にも即座に対応できます。

◆ネットの普及で、そば屋方式が可能になった

セル生産は、そば屋方式（受注してから生産）を実現する手段の1つです。この方式を可能にしたのは、インターネットの普及によるところが大きいのです。販売と生産がリアルタイムに通信できるからです。

受注してから生産する、または在庫を見ながら補充する方式で圧倒的に製品の在庫削減が可能になりました。新しいビジネスモデルを考えるとき、そば屋方式の導入も候補の1つとなるでしょう。

セル生産（屋台方式）は1人で1台ずつ組立する

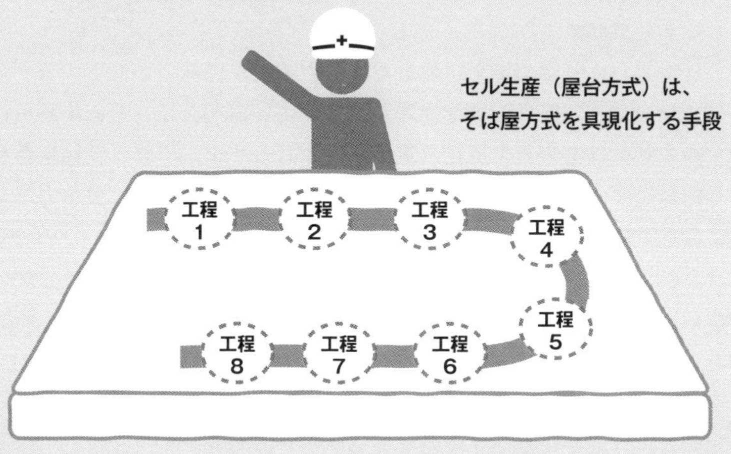

77 ファブレスとEMS

日本の家電メーカーはなぜ工場を捨てなかったか？

問題

パソコンのデルは、工場を持たないビジネスモデルとして有名です。工場はすべてアウトソーシングしています。また受注してから生産する「そば屋方式」により、製品在庫ゼロを実現しました。

デルが有名になったころ、ソニーをはじめ日本の大手家電メーカーは、工場を売却して身軽になろうと検討を始めました。しかし結局、日本のメーカーは工場を捨てませんでした。捨てられなかったというより、捨てなかったのです。

さてなぜ、工場を捨てなかったのでしょうか？

回答 メーカーが工場を捨てると開発力が落ちる

開発を強みにしている日本メーカーは、工場を売却して、デルのようにアウトソーシングすれば身軽な経営ができると考えました。工場の売却により固定費を減らし、組立費を変動費にできるからです。

組立費を変動費にできれば、生産量に合わせて費用が増減するため、稼働率を気にしなくて済みます。

しかし日本メーカーが工場を手放せなかったのは、開発力が低下するからです。パソコンのように開発がほぼ終着点に届いている製品は、低価格勝負になります。つまり、コモディティ化（汎用品化）されている分野は低価格勝負。

しかし開発過程で、毎年高性能の製品を生み出し続けなければ競争力を発揮できない分野では、工場を手放すと開発力が落ちることに気がついたのです。

解説 ファブレスで身軽な経営を目指す

◆工場をアウトソーシングするファブレス

ファブレスとは、工場を持たないメーカーです。パソコンのデルのように、工場をすべてアウトソーシングするビジネスモデルです。

デルの工場のようにアウトソーシングとして電子機器製造の組立生産を受託するビジネスモデルをEMS（エレクトロニクス・マニュファクチャリング・サービス：製造代行）といいます。なぜEMSが成り立つのでしょうか。

電子機器は、生産量の増減が激しい業界です。工場を固定費で持つと、稼働率がばらつきます。人員過剰と人員不足、設備過剰と設備不足と、生産量にバラツキが出ます。

一方、EMSの会社が複数の電子機器メーカーの組立代行をすれば、生産量の増減を平準化して、安定した仕事量を確保することで、発注側の会社はトータルコストを下げることができるのです。

◆ファブレスは開発力の低下がネック

夢のような、EMSを使ったファブレスですが、1つ問題があります。工場を持たないために、開発力が低下するという懸念です。

つまり、コモディティ（汎用）化された製品ではファブレス、開発途上の製品では自社工場生産が向いているのです。近年、薄型テレビがコモディティ化する中、ファブレスの検討も必要かもしれません。

開発力が勝因の場合は工場を手放せない

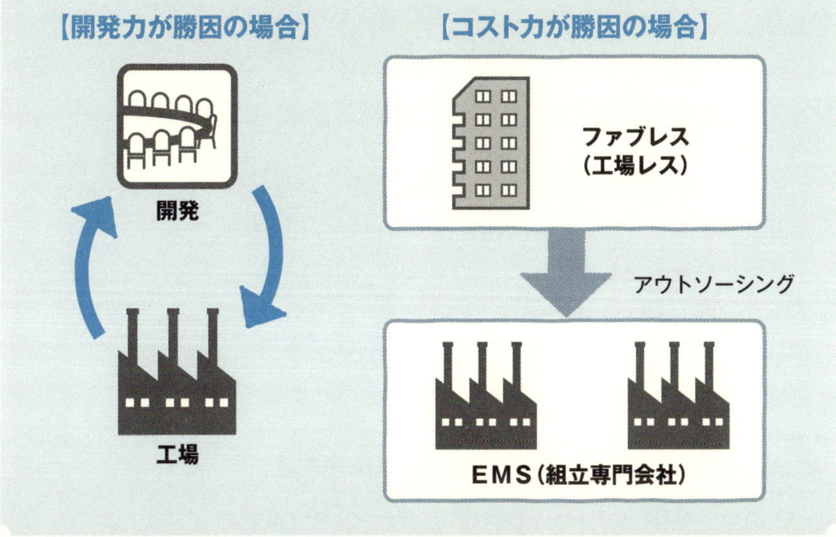

78

B2B取引の自動化

仕入部門の人員の半減を宣言したメーカー、さてどうする?

問題

ハンダ化学は、年頭の社長あいさつで、「原材料や部材の仕入部門の人員を半減させる」と宣言しました。困った仕入部長は、その日から胃潰瘍状態で夜も寝つけません。

いくらコストダウンが必要だといっても、80人もいる仕入部門の人員を半減させるなんてムリです。しかし社長からは、1ヶ月以内に人員を半減する計画を出すようにいわれています。

ただ救いなのは、ある程度の投資を前提としていいこと、そしていつの時点で半減できるのか、スケジュールを示してほしいというのです。何らかの施策を打った上で人員を半減する計画でいいというのです。どう計画すればいいのでしょうか?

回答　ルーチンワークをITで自動化して仕入企画に人員をシフトする

仕入部門の人員を半減させるためには、改善ではなく改革が必要です。抜本的なやり方を変えていく必要があります。

「ルーチンワークの自動化、人材を仕入企画力強化に回す」という改革のコンセプトはいかがでしょうか。既存の仕入発注や在庫管理は、コンピュータとネットワークを使えば、自動発注とペーパーレス化が可能です。

ルーチンワークを自動化して、80人の仕入担当を30人で運用できるようにします。10人は仕入企画力強化に投入します。残り40人を減らします。

なお、仕入企画力強化では、グローバルソーシング(世界最適調達)、新素材開発、コストダウンなどを進めてはいかがでしょうか。

解説　B2B取引の自動化で間接費を削減する

◆仕入の自動発注、ペーパーレス化で業務効率を推進する

人が判断するべきこと、人の判断をパターン化して情報システムに代行可能なこと、この２つを分けることが人員削減に効果的です。人の判断は、企画、改善、さらなるコストダウンに使うほうが賢明です。

ある程度売上が安定した製品では、部品仕入も情報システムに代行できるでしょう。たとえば、在庫を把握しながら自動発注をかけます。企業同士のＢ２Ｂの取引は極力自動化して、間接費削減とペーパーレス化がおすすめです。

自動発注、在庫管理、資金決済、ペーパーレス化と、情報システム活用は業務効率化にも大いに役立ちます。

◆頭を使ってコストダウンする仕事に人材を使え

人が判断しなければ上手くいかないことに、人材を投入できるように改革すべきです。オペレーションは、徹底して効率化、自動化します。

今日の仕事は情報システム、未来の仕事は人間が考えるという使い分けをします。人間は、未来のコストダウンや品質向上に時間を使えるよう、業務改革が必要です。

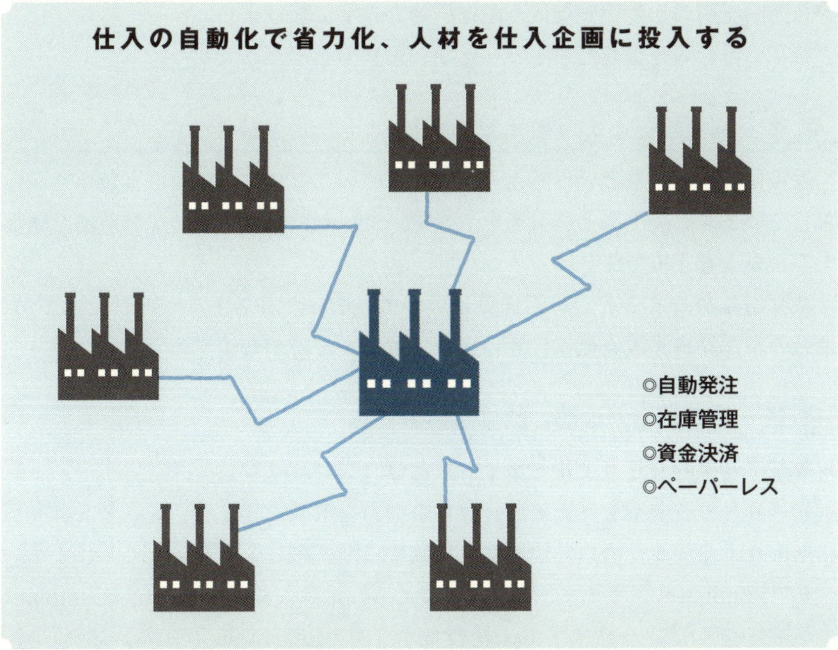

79 ECRS

全国に自動販売機を設置した飲料メーカー。不採算地域をどうする？

問題

飲料メーカーが安定して売上を確保できるのは、自動販売機のおかげという見方もできます。なぜなら、自動販売機は定価販売ができるからです。量販店に値引き要請されることはありません。このご時世で定価販売ができる自動販売機は夢のような宝石箱です。

飲料メーカー第7位の花輪ビバレッジは、全国に自動販売機を増やしていました。空き地スペースがあれば、土地の所有者と交渉して、30万台まで増やしてきました。しかし台数は増えたのですが、不採算の自動販売機も増えています。たとえば、人口が少ない地域では販売金額がわずかです。また配送拠点から遠い場所の自動販売機は、配送経費で赤字になります。

赤字の自動販売機をどうするべきか、思案のしどころです。

回答　減収増益という考え方も重要

近年は、減収増益という考え方も決して悪いことではないという価値観が定着しています。売上高と利益額を二者択一といわれれば、迷わず利益額を選択するという考え方です。

減収増益を許すことで、不採算分野の思い切ったリストラが断行できます。地方の不採算自動販売機は、思い切って撤去するのがおすすめです。

解説　ＥＣＲＳで改善、改革を推進する

◆改革に効果的なＥ（エルミネイト）とＣ（コンバイン）

ＥＣＲＳで改善案を考えると、改善の労力を低減できます。ＥＣＲＳは、現状をよりよくするために、改善案を作成するためのヒントを与えてくれます。

Ｅ（Eliminate：エルミネイト）は、やめる、排除、廃止です。Ｃ（Combine：コンバイン）は、一緒にする、統合です。Ｒ（Rearrange：リアレンジ）は、

置き換え、交換です。Ｓ（Simplify：シンプリファイ）は、簡素化、単純化です。

このＥＣＲＳは順番が大切です。まずはＥを考えます。ＥがダメならＣを考えます。ＣがダメならＲを考えます。そして最後にＳを考えます。

◆ＥＣＲＳで楽して改善しよう

ＥとＣができない場合は、Ｒ（置き換え）を考えます。置き換えには、業務、人、場所、材料の置き換えがあります。業務の置き換えは、アウトソーシング（業務の外部委託）です。たとえば情報システムの運用を専門会社にアウトソーシングすれば、社内の情報システム部門の業務を置き換えることができます。人の置き換えは、正社員からパートタイマーに転換することがあげられます。

そしてそれでもダメなら最後に、Ｓ（簡素化）を考えます。業務自体はなくせないけど、もっと短時間でできないか、もっと合理的にできないかを考えるのです。

ＥＣＲＳで改善、改革のヒントを探す

ＥＣＲＳ（やめる→統合する→置き換える→簡素化する）

	ECRS	内容	例
1	E （エルミネイト）	やめる	◎不採算の支店を撤退する ◎不良債権を放棄する
2	C （コンバイン）	統合する	◎2つの支店を統合して1つにする ◎組織を統合する
3	R （リアレンジ）	置き換える	◎業務をアウトソーシングする ◎社員をパートに置き換える
4	S （シンプリファイ）	簡素化する	◎改善して時間を短縮する ◎ワンタッチでできるようにする

◎まずは、もっとも手間がかからない「やめられないか」を考える
◎それがダメなら、2つ以上の物を「統合できないか」を考える
◎そして、「置き換え」「簡素化」できないかを考える

ハードとの決別で身軽な経営を実現、IBMのローコストオペレーション

ＩＢＭは、コンピュータ関連のサービスおよび製品を提供する企業です。ハードウェアメーカーと見られる場合が多いのですが、パソコン事業は中国企業レノボに売却しました。ハードディスク事業をはじめとするハードウェア事業を次々と売却し、2011年度では総収入のうちサービスの収入が約60%です。

現在ＩＢＭは、コンサルティングを含むサービス、ソフトウェアなどからなるビジネスソリューションに重心を移しています。事業コンセプトとしては、近年クラウドコンピューティングを標榜しています。

ＩＢＭはハードウェアとの決別により、身軽な経営を目指しています。ハードウェアとの決別は、ローコストオペレーションを可能にします。それは、顧客にとって「最適なハードウェアを最安値で調達」が可能になるからです。なぜなら、自社でハードウェアを生産した場合、値段が高くてもＩＢＭのハードウェアをすすめることになります。これでは、顧客のために最適なハードウェアを最安値で調達できません。そこで自らハードウェアを捨てることで、最適調達を可能にしたのです。

ＩＢＭは、「最適なハードウェアを最安値で調達」する、世界最適調達システムを運用しています。過去の全世界での購買データをすべて一元管理しています。そこで「底値システム」を採用しているのです。

底値システムとは、１度購入した製品や部品は、それ以上高い値段では買わないというシステムです。たとえばＩＢＭが、ある機種のパソコンを10万円で買ったとします。次回は同機種であれば10万円以下でしか買いません。別の営業所から買う場合も10万円以下が適用されます。

たとえば「今回は特別価格で」と、どこかの営業所が８万円でＩＢＭに売ったとします。すると次回からは８万円が底値となり、それ以上高い価格では買わないのです。つまり値下げ交渉のデータを武器に、繰り返し購入をするほど調達価格を下げることができるのです。

第10章

新たなビジネスを創造する情報戦略

80 モバイル営業支援

引き継ぎ不良でトラブル多発、人事異動ができない営業部

問題 ＩＴシステム株式会社は、情報システムの開発と運用を主業務としています。システム開発は、半年～２年で終わりますが、システム運用は、５～ 20 年単位の付き合いになります。

ＩＴシステム株式会社では、年１回人事異動があります。ＳＥ（システム・エンジニア）も顧客と上手くコミュニケーションをとれるようにと、ＳＥも営業担当になります。人事異動は競合に比べて多いほうです。

ところが人事異動の１～２ヶ月間はトラブルだらけです。というのは、人事異動の引き継ぎが悪く、既存顧客から「今度の営業はどうなっているのか。全然話が引き継がれていないではないか」というクレームが多発するのです。

回答 データベースとモバイルで営業支援するシステムを導入する

まず最低限しなければいけないことは、アナログ的な引き継ぎをきちんと行うことです。顧客との面談での引き継ぎ、書類や口頭による情報の引き継ぎの時間を確保することです。２～３週間くらい引き継ぎの時間を持てるように、引き継ぎ時間を確保できるように組織的に対応します。

アナログ的な引き継ぎに加えてデジタル的、つまり情報システム支援によって、引き継ぎ情報を確実に伝達していきます。

解説 モバイルによる業務効率アップ

◆データベースとモバイルで営業支援するＳＦＡ

ＳＦＡ（セールス・フォース・オートメーション）は、営業マンの戦力化を、情報の蓄積と活用により実現するものです。ＳＦＡは、営業に関わるすべての業務フローと営業情報を、携帯用パソコンで管理します。

◆ＳＦＡの３つのタイプ

ＳＦＡには、「個人型ＳＦＡ」「部門型ＳＦＡ」「全社型ＳＦＡ」の３つのタイプがあります。

「個人型ＳＦＡ」は、営業マン一人ひとりのノウハウの底上げを狙うものです。商談、提案、見積もり、受注、サポート、新規提案、営業計画など、営業のステップや作成帳票などを情報システムに組み込むことでレベルアップを図ります。

「部門型ＳＦＡ」は、営業情報の共有で戦略的な営業推進を実現します。情報の属人化を防ぎ、営業の進捗状況を共有します。

「全社型ＳＦＡ」は、業績進捗管理による全社の売上目標の達成や、顧客との関係をトータルで管理します。結果的に、ＣＲＭ（カスタマー・リレーションシップ・マネジメント）が可能になります。

営業マンの情報武装化（SFA：セールス・フォース・オートメーション）

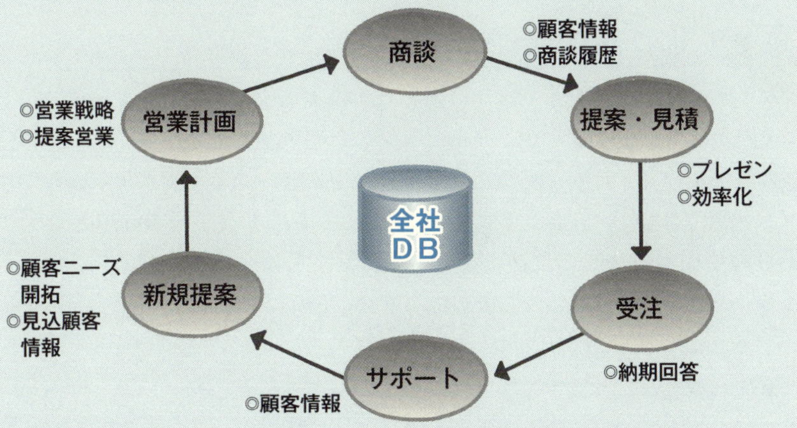

〈期待できる効果〉営業のレベルアップと情報の蓄積

◎営業情報・ノウハウの蓄積と活用
◎顧客から個客へ（顧客価値経営）
◎商談の進捗管理
◎顧客価値経営データベースで情報の属人化を防ぐ
◎営業担当者変更による業務の引き継ぎがスムーズになる

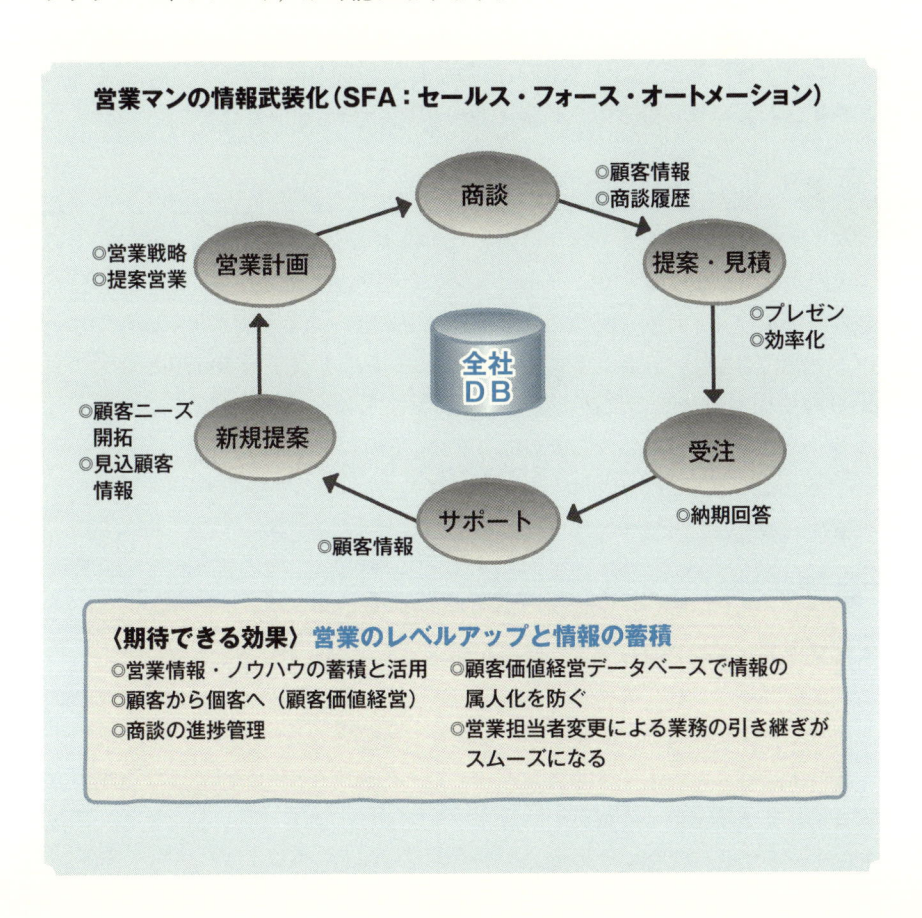

81

販売方式の改革

注文時間を短縮して売上を伸ばしたいファーストフード店

問題

いつも行列ができるファーストフード店があります。特にお昼時は長蛇の列、あきらめて帰るお客もいます。

現在１人あたりのレジの所要時間は 65 秒です。釣り銭自動機の導入で、５秒短縮して 60 秒にしようと思います。しかし、１台 20 万円で５台のレジを替えるためには 100 万円の投資が必要です。

さて、わずか５秒短縮のために 100 万円を投資しますか？

回答　100 万円の投資は安いもの

たとえばマクドナルドでは、行列をいかに短縮するか、オーダー後の待ち時間をいかにゼロにするかが、売上アップのための重要課題です。というのは待ち時間が長いと、行列を見ただけで買うのをあきらめるお客が出るからです。

１日 10 人の人が、買わずに帰ったとします。１人平均 600 円として１日 6000 円の売上を逃したことになります。もし１人が２人分を買う予定だとしたら、売上をもっと逃したことになります。

１年でなんと、200 万円以上の売上を逃したことになるのです。100 万円の設備投資は安いものです。

解説　モバイルによる販売方式を改革する

◆スマートフォンアプリで注文時間を短縮するマクドナルド

マクドナルドでは、スマートフォン（アンドロイド携帯）とお財布携帯機能を使って、注文時間を短縮することに成功しました。

あらかじめスマートフォンにマクドナルドの注文専用アプリをインストールします。アプリを使って買いたい商品を選びます。あとは、店舗にある注文端末にタッチすれば注文完了です。

みなさんは、マクドナルドに行って、「混雑しているからほかにしよう」と気が変わったことはありませんか。特にお昼時であれば、長蛇の列で購買意欲を喪失する人もいるでしょう。同社のような「伸びる会社」は、そんなマイナス要素を決してそのままにしてはおかないのです。

◆ドライブスルーの注文時間を短縮するマクドナルド

近年、マクドナルドが売上を伸ばしているのがドライブスルーです。ドライブスルーでも、注文から受け取りまでの待ち時間を短縮することは売上増につながります。

マクドナルドのドライブスルーでは、サイド・バイ・サイド方式を導入しています。注文機が２台設置され、２台の車が同時に注文することができます。注文時間を従来よりも短縮したのです。そして会計を事前に済ませたら、次のカウンターで商品を受け取ります。

マクドナルドでは、ＯＴ（オーダーテイク）タイムが自動で測定されます。ＯＴタイムとは、注文を受けてから何秒で顧客に渡せるかという時間です。ＯＴタイムは自動で測定され、作業場に画面表示されます。ＯＴタイムは１分以内と、迅速対応が求められます。

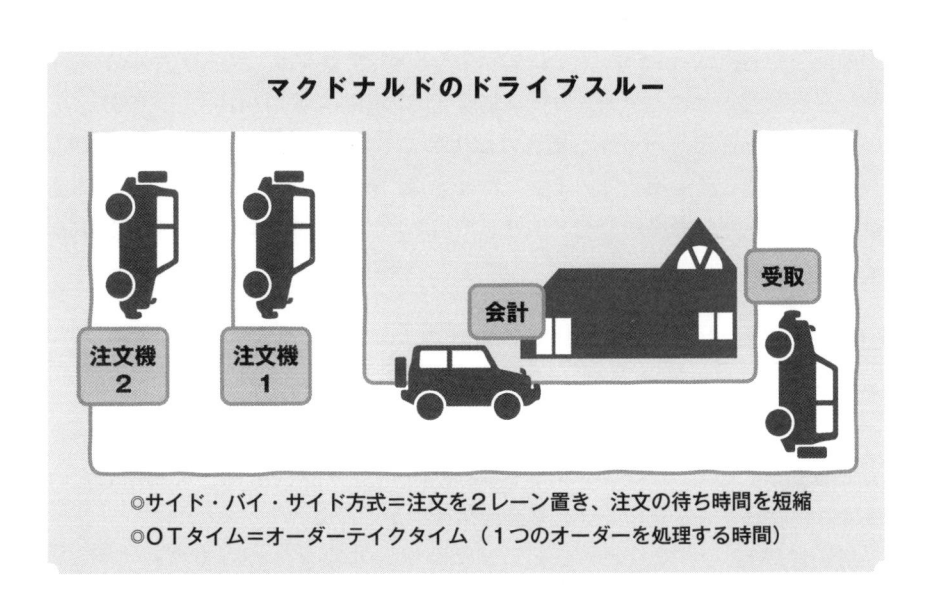

マクドナルドのドライブスルー

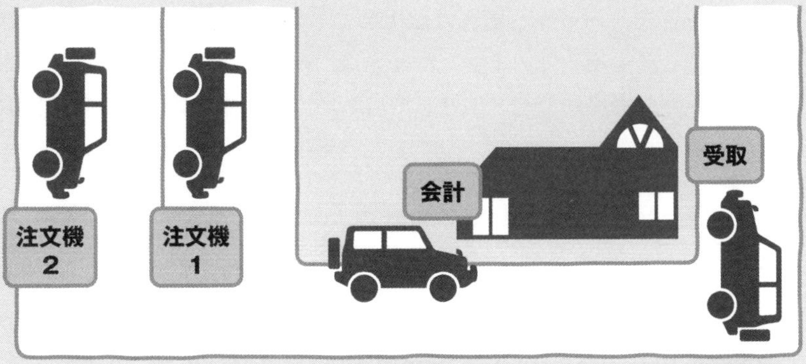

◎サイド・バイ・サイド方式＝注文を２レーン置き、注文の待ち時間を短縮
◎ＯＴタイム＝オーダーテイクタイム（１つのオーダーを処理する時間）

82 SNS

顧客のニーズがつかめない商品開発。フィードバックの方法は？

問題

顧客ニーズの変化が速く、顧客ニーズに対応しようとしても、どうやってニーズを把握していいのか難しいのが現状です。

さて、顧客のニーズを把握して、商品開発にフィードバックするいい方法はないでしょうか？

回答 SNSを活用して顧客ニーズをつかむ

ＳＮＳを使って、顧客ニーズを把握します。ＳＮＳとは「ソーシャル・ネットワーキング・サービス」のことであり、インターネット上で人と人とのコミュニティーを作るサービスを指します。また、顧客に商品提案をしてもらって、商品の仕様設計、試作、改良に役立てます。

顧客に商品企画に参画してもらうやり方を、プロシューマー構造（顧客参画型の商品企画）といいます。すでに述べましたが、プロシューマーは、プロデューサー（生産者）＋コンシューマー（消費者）の造語です（141ページ参照）。

また、試作品をターゲット顧客に試用してもらい、ダメ出し意見を集めて、製品改善する企業も増えています。たとえば、携帯電話などの若年層向け商品は、試作品段階で徹底的にダメ出ししてもらい、若年層のニーズを仕様に取り込みます。

解説 SNSを商品開発に反映させる

◆現在はマーケティングの第三段階にある

ＳＮＳを商品開発に活用する企業も増えています。マーケティングの第一人者であるフィリップ・コトラー博士は、「マーケティング３．０」を提唱しています。現在はマーケティングの発展段階で、第三段階だというのです。

第一段階は、マス・マーケティングです。不特定多数の大多数（マス：

Mass）の消費者に対して、広く販売活動を行うのがマス・マーケティングです。

第二段階は、ＳＴＰマーケティングです。セグメント（Ｓ）を明らかにし、ターゲット（Ｔ）となるセグメントを絞り込みます。いわゆるターゲット顧客、ターゲット市場を明確化します。そしてターゲットごとに差別化を明確にして、ポジショニング（Ｐ）を確立します。

第三段階は、ＳＮＳマーケティングです。ＳＮＳを活用したマーケティングの展開です。

◆活用事例（カルピス、コクヨ）

カルピスはミクシィ（mixi）の公認コミュニティで「フルーツカルピス」の新製品を開発しました。商品名は「ミックスフルーツ＆カルピス」です。

コクヨはニフティと提携し、コミュニティ「仕事を変えるビジネスアイテム研究室」を設置しました。決められたテーマに沿って、商品アイデアや仕事術などを募集し、優秀なものはコクヨが商品化を検討します。

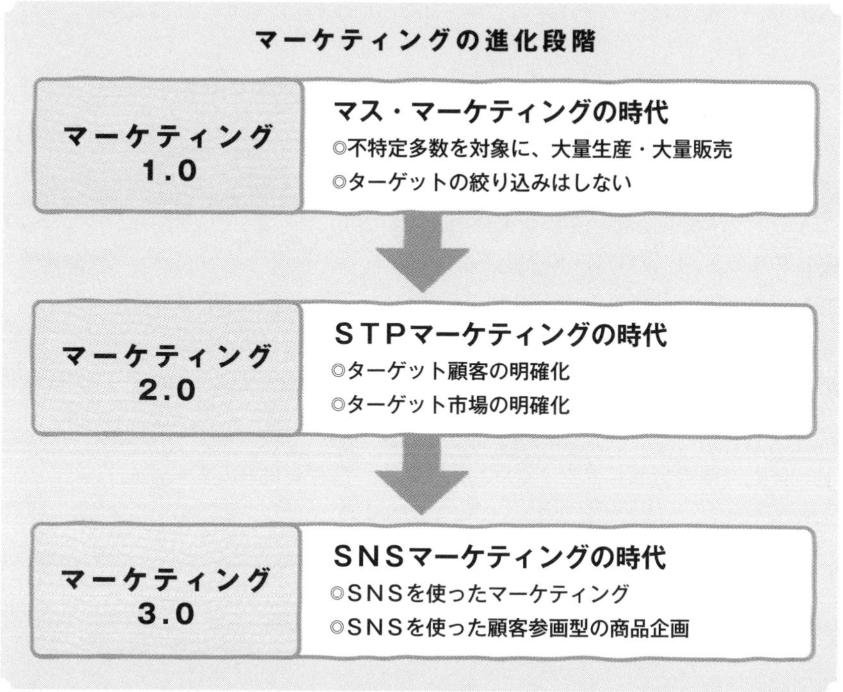
マーケティングの進化段階
マーケティング 1.0
マス・マーケティングの時代
◎不特定多数を対象に、大量生産・大量販売
◎ターゲットの絞り込みはしない
マーケティング 2.0
ＳＴＰマーケティングの時代
◎ターゲット顧客の明確化
◎ターゲット市場の明確化
マーケティング 3.0
ＳＮＳマーケティングの時代
◎ＳＮＳを使ったマーケティング
◎ＳＮＳを使った顧客参画型の商品企画

83 ASP

情報システム進化のスピードに追いつけないシステム部門

問題

ハヤテ社では、情報システム部門が、情報システム進化のスピードに追随できないという悩みを抱えています。しかしツカダ課長は、システム開発にギブアップともいえず、途方に暮れています。

回答 ASPの活用を検討する

ハヤテ社の場合、システム開発のスピード、そして新しい技術の修得に間に合わないのが現状です。また新規開発やソフトウェアの購入に相当の費用がかかります。ASP（アプリケーションサービスプロバイダ）を活用してみてはいかがでしょうか。

解説 ASPでシステム開発を身軽にする

◆ASP（アプリケーションサービスプロバイダ）とは

ASP（Application Service Provider）とは、アプリケーションソフトの機能をネットワーク経由で顧客にサービスとして提供するプロバイダ（事業者）のことです。

利用者はインターネットなどを経由して、遠隔地からASPのサーバにアクセスすることで、各種アプリケーションソフトの機能を利用します。ネットワークを介するこのサービスは1960年代から存在します。高速で低価格のブロードバンド回線の普及により、2000年代より一般にも普及し始めました。

利用形態はいくつかあります。ユーティリティコンピューティングは、利用したサービスの量（従量制）で支払う契約です。SaaS（サース：Software as a Service）は、必要な機能を必要な分だけサービスとして利用できるようにしたアプリケーションソフトウェアの提供形態です。SaaSは最も一般的な利用形態です。

クラウドコンピューティング（cloud computing）は、インターネットをベースとしたコンピュータの利用形態です。ユーザーはコンピュータ処理をネットワーク経由で、サービスとして利用します。

◆ＡＳＰのメリット、デメリット

ＡＳＰ利用のメリットは、サービス利用者は、自社でシステム（ハードウェア）やソフトウェアを保有・管理することなく利用することができるため、管理コストの削減につながることです。

サービス提供者はソフトウェアのバージョンアップ、サービス利用状況の確認や分析、不具合発生時の状況確認などが容易に可能となります。

デメリットは、個人情報や機密情報などが外部に流出する危険があることです。なお、データの演算処理が多い場合、別途アプリケーション処理専用のサーバを導入します。これをＡＳＰサーバと呼びます。

アプリケーションサービスプロバイダ（application service provider）

〈可能な用途例〉
オープンソース開発のコミュニティ基盤
分散SW開発のエンジニアリング環境
財務会計
給与計算
グループウェア
営業管理、顧客管理、ICT資産管理
販売管理、在庫管理
コンピュータウイルスのチェック・除去ソフト

メリット
◎自社でソフトウェアを保有・管理することなく利用することができるため、コストの削減になる
◎ソフトウェアを購入するのに比べて費用が安いことがある

デメリット
◎個人情報や機密情報などの外部への流出の心配
◎ネットワークの速度が遅い環境ではアプリケーションの使い勝手が悪くなる

84 B2E

社内メールと電話対応に追われ、仕事にならない総務部

問題

「後工程はお客様」というのは、トヨタ自動車の品質管理の基本です。たとえば工場で、第一工程から第二工程に仕掛品を受け渡す場合、第二工程が第一工程のお客様になります。いうまでもなく、お客様に不良品を渡すのは禁止です。第一工程は第二工程に不良品を流さないようにしっかり責任を果たします。

工場を離れても、「後工程はお客様」です。社内顧客という考え方をします。たとえば、総務や人事部は、社員がお客様です。

さて、トヨタ自動車を研究してきたと自負するタヨダ総務部長は、社員からの社内メールや電話対応にも、誠意をもって対応するようにと部下に指示しています。しかしながら、総務部の業務は複雑で、団体保険の手続きも複雑で、かつ大量の書類が発生します。総務部としても、加入する社員に説明するのも一苦労です。

さて、「社員がお客様」を返上して、団体保険の加盟をやめたほうが総務部としては楽ですが、どうすればいいのでしょうか？

回答 インターネットによるサービスを活用する

「社員がお客様」の基本を維持しつつ、総務部内の仕事の効率化を図っていきましょう。改めて総務部の仕事を見直してみると、定型化できる業務も多いはずです。業務は誰もが参照できるようなマニュアルを整備することで、詳しい専門知識がなくてもできるように改善します。

さらに、社内のイントラネットを使って電子化して、総務部員が介在しなくても手続きが進められるようにすべきでしょう。これなら社員の利益も損なわずに、総務部の仕事量を調整できるはずです。

解説　福利厚生の１つとして注目されるＢ２Ｅ

◆Ｂ２Ｅの活用

Ｂ２Ｅ（Business to Employee）は、インターネットを媒介に従業員に対して行われるサービスのことです。

Ｂ２Ｅは、雇用主の企業と従業員との間で取引を行う場合や、企業が取引先企業の従業員と商取引を行う場合などがあります。

前者は自社製品を特別価格で販売する「自社販売」制度として提供されます。後者は製品のほかにも旅行や保険などのサービスが扱われる場合も多く、企業の福利厚生の一端として行われます。社内教育や研修、業務支援などもＢ２Ｅに含まれることがあります。

Ｂ２Ｅは、製品の流通経路が省略される、あるいは企業が窓口となって一括購入することで調達コストを抑えることができる、といったメリットがあります。

金融系（貯蓄・ローン・保険等）・総務系（出張手続・事務用品購入等）・福利厚生（施設割引利用・介護・育児関連等）・物販（提携企業商品社員割引等）など、複数のサービスが提供されています。

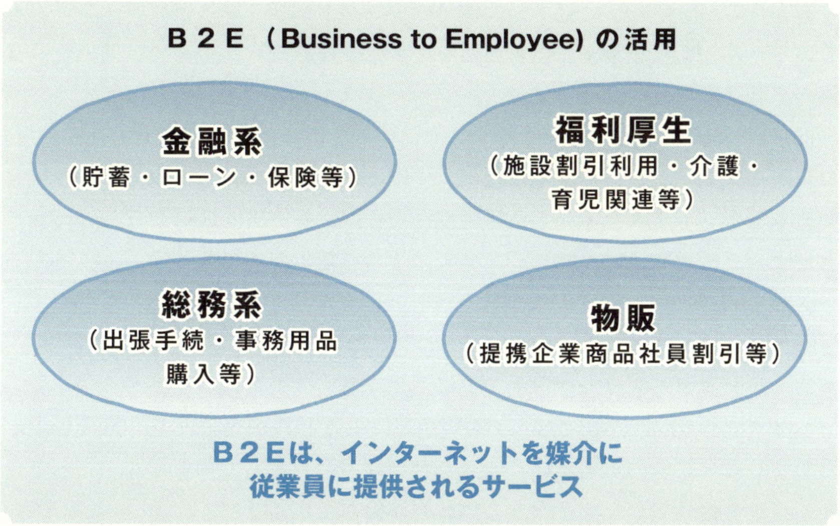

85 ワンストップソリューション

ノルマに追われ問い合わせ対応を嫌がる社員たち

問題

ノルマ建設では、営業部門に厳しいノルマがあります。さらに目標管理制度があり、部門目標とは別に個人のチャレンジ目標を決めて達成することが求められます。

営業部員が一番困るのは、社外からの問い合わせです。営業につながる電話ならいいのですが、クレーム対応や単なる冷やかし的な問い合わせも多いのが実情です。

しかし、社外からの問い合わせに付き合ってはいられない状況です。その結果、電話は鳴りっぱなし、たらい回しは日常茶飯事です。

回答 コールセンターを設置する

解決策の1つとして評価の基準を変える方法があります。営業成績だけでなく顧客対応がいいとか、部下の面倒見がいいとか、新しいことにチャレンジしているというような数字に換算しにくい評価基準を設けることで、問い合わせ対応を避ける社員が減ります。

近年は、顧客にとってわかりやすい窓口作りを進める企業が増えてきました。コールセンターなどに連絡をすれば、すべての問い合わせ対応ができるという仕組みです。つまり一本化した対応窓口を作り、担当者を明確化するということです。そのためには、情報システムによる仕組みが不可欠です。

解説 コールセンターで顧客をつなぎ止める

◆コールセンターをマーケティングに活用する

ＣＳ（Customer satisfaction：顧客満足）の重要性が問われて、10年以上がたちました。ＣＳの重要性は、かなり企業に浸透してきたのではないでしょうか。ＣＳを提供できない企業からは顧客が離れていきます。

顧客との接点の運営を上手く行う方法として、コールセンターをマーケティングに活用する企業が増えています。通信販売の会社では、かかってきた電話番号から、自社の情報システムが顧客情報を自動検索します。そして電話をとったオペレーターの前の画面に表示される仕組みを導入しています。

◆ワンストップソリューションで顧客にわかりやすい仕組みを作る

また、電話番号を１つにして、全国どこから電話をしても同じ電話番号にしている企業も多くあります。連絡の窓口を一本化して、困ったらとりあえずそこに電話をすればいいという方法にします。これを、ワンストップソリューションといいます。一ヶ所ですべての問題解決ができる役割をコールセンターが果たします。

ヤマト運輸では、荷物をとりに来てもらう場合、２回目以降は電話番号だけで認識できる仕組みを確立しています。ワンストップソリューションは、顧客にわかりやすい仕組みです。

ところで、電話会社が採用しているような、自動音声で、「新規契約は１番、解約は２番を押してください」というのはやめてほしい方法です。組織の担当制を顧客に押しつけている姿勢は不愉快です。

コールセンターでワンストップソリューション

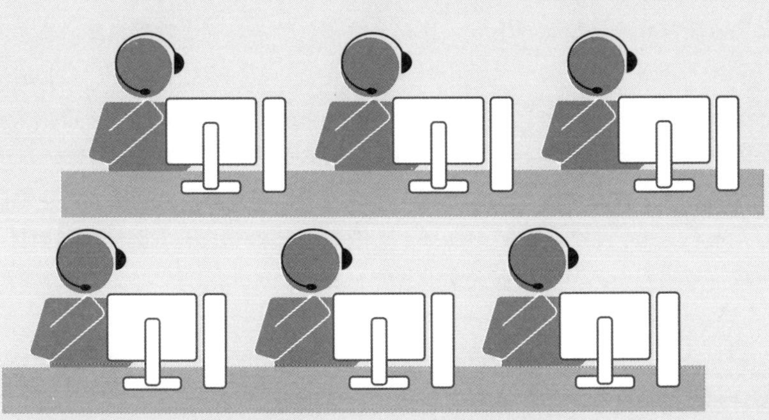

86  ワン・トウ・ワン・マーケティング

店舗数が増えて顧客の顔が見えなくなった販売店

問題

一平ストアは戦後まもなく営業を開始した小売店です。最初は1店舗でほそぼそと営業していましたが、いまでは450店舗にまで増えました。

創業オーナーは「お客様との対面販売こそ、わたしたちの商売の原点だ」とよくいっていたものです。しかし店舗数が増え、大型化し、今では、どのようなお客様が来ているのかわかりません。

３代目の三平社長は、もっと顧客情報を把握して、顧客サービス向上と業務改善を進めたいと考えています。

回答 ワン・トゥ・ワン・マーケティングを考える

近年、ＩＴ技術の向上とパッケージシステムが充実してきたことにより、ポイントカードが増えてきました。このマーケティング手法は個人ごとに販売情報が記録でき、利用額に合わせたポイント付与ができるため、個別に展開されるという特性から、ワン・トゥ・ワン・マーケティングと呼ばれています。

ワン・トゥ・ワン・マーケティングを可能としている仕組みが、ＣＲＭ（カスタマー・リレーションシップ・マネジメント）です。ＣＲＭは、情報システムを応用して企業が顧客と長期的な関係を築く手法のことです。

一平ストアもそろそろＣＲＭを導入する規模になったといえます。４億円投資したとしても、450店舗であれば１店舗あたりのシステム開発負担額は100万円以下で済むため早々に導入すべきでしょう。

解説 ＣＲＭでワン・トゥ・ワン・マーケティングを実現する

◆各社がこぞってポイントカードを導入した理由

量販店が登場するまでは、顧客と店員が１対１（ワン・トゥ・ワン）の対面

販売が基本でした。しかし量販店が登場すると、大量の顧客に合理的に対応しようとするため、顧客の顔が見えなくなったのです。

そこで登場したのが航空会社のマイレージカードです。顧客カードの導入で、利用量に合わせたポイントのフィードバックが可能になり、値引き交渉を阻止できるようになったのです。「ＩＴを利用した対面販売」といえます。

◆組織的に顧客を囲い込む仕組みを作る

店舗数が多いと、システム開発に大規模投資できます。セブン-イレブンは、国内13,718店舗（2011年12月末）、世界で44,698店舗です。国内のシステム開発に13億円投入したとしても、１店舗あたりの負担額はわずか10万円足らずです。思い切ったシステム投資が可能です。

顧客カードを利用するなどして、顧客一人ひとりの購買情報を把握しマーケティングに活用することをＣＲＭ戦略といいます。

ＣＲＭ戦略の狙いは、組織的な顧客対応の仕組みを構築して顧客を囲い込むことにあります。また顧客の購買情報は、商品開発や品揃え強化のための基本情報となるのです。

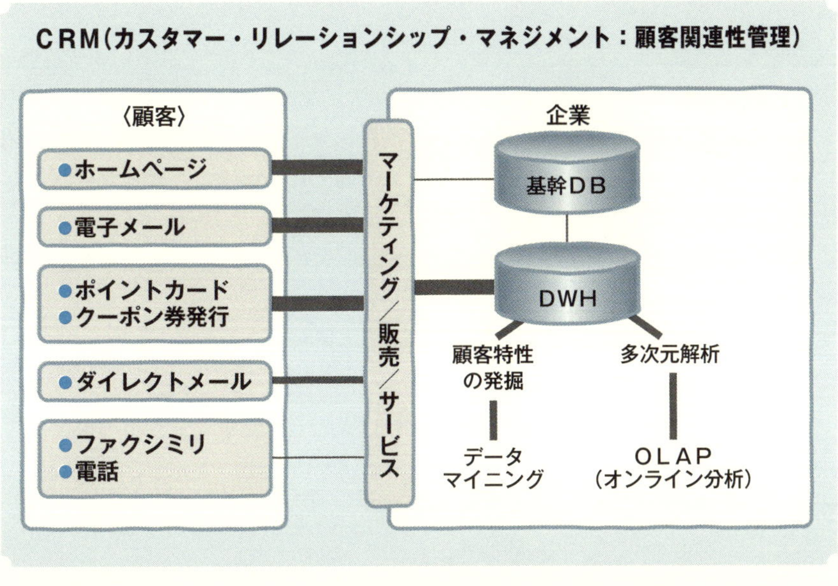

87

ダイレクトモデル

品揃え重視で在庫回転率が低い3Lサイズの靴屋さん

問題　マツコ靴販売は、３Ｌサイズ以上を扱う靴屋です。どんな大きな足の人でも靴を探せると、大きな足の人の間では有名です。「ジャイアント馬場さん御用達」で有名になり、商売繁盛していました。

しかし近年はめっきり顧客も減ってきました。わざわざお店に行くのは疲れるというのです。遠方から来てくれるお客様も多いのですが、何しろ体も大きい人ばかりです。移動がしんどいという意見が多いのです。

マツコ靴販売は以前から対策として、リピーターには足形をとっています。２回目以降の注文は、電話やメールで顧客番号を伝えればサイズがわかり、再注文が簡単にできます。しかし一方で、新規顧客の開拓がなかなか進んでいないのです。

回答　インターネットで個別対応をする

インターネットで、足の形に合わせたカスタマイズ対応をしてはいかがでしょうか。サイズ、形状、デザイン、色、素材などを組み合わせて、自由に個別対応できる仕組みを作ります。３Ｌサイズ以上といわずに、普通サイズも対応できるようにするといいかもしれません。

さらに、「ドクターシューズ」というコンセプトで、新規客からも実際の足形をとって、個別対応できるような仕組みを作ってはいかがでしょうか。たとえば、紙粘土のような素材で「足形キット」を希望者に送ります。足形をとったら郵送します。

それをもとに１～２回の試作で靴形状を納得の上で決定し、本番の製品を完成販売します。２回目以降の注文は、足形キットは不要です。

解説　ダイレクトモデルでビジネスを創造する

◆競合の製品も扱って中抜きに成功したアスクル

アスクルのネット販売で文房具を買う企業が増えています。明日来る（アスクル）と思えば、文房具の在庫を大量に買い置きする必要はありません。

アスクルは「プラス」という文房具メーカーが始めました。アスクルが成功したのは、自社製品にこだわらず、あらゆるメーカーの製品を販売したことです。顧客はメーカーではなく、何が欲しいかで選ぶからです。

今日のアスクルは、オフィスソリューションをドメインとしています。封筒の社名印刷、名刺、ハンコなど、オフィスのカスタマイズ対応に応えています。

◆カスタマイズ対応で世界にたった１つだけの靴、水平展開してみては？

ネットを使って新しいビジネスモデルを考えることは容易ではありません。しかし、すでに他業界で成功したビジネスモデル、海外で成功したビジネスモデルを集めてくれば、自社のビジネスモデルを創造するためにかなりのヒントになります。

どんなビジネスモデルを考えるにしても、「顧客にとってのメリットは何か？」は外せないところです。すでに説明したワンストップソリューション、一人ひとりにアプローチするワン・トゥ・ワン・マーケティングは、顧客にとってのメリットは大きく、ビジネスモデルを考えるヒントになります。

ネット活用のオプション選択でカスタマイズ対応

あなただけの靴

【選択項目例】

◎性別	◎デザイン
◎種類	◎足形の特徴
◎サイズ	◎ゆったり度合い
◎色	

※直接ご来店で木型サービス

88

アフィリエイトマーケティング

ホームページとブログを始めたが、個人が広告で小銭を稼ぐ方法は?

問題 コゼニ君はホームページとブログを始めたのですが、ただ自分の情報を公開するだけでなく、収入に結びつけたいと考えています。個人が広告で小銭を稼ぐ方法は何があるでしょうか?

回答 アフィリエイトマーケティングに参加する

アフィリエイト(成功報酬型)マーケティングという、個人が広告をして成果をあげれば、成果に応じて成功報酬がもらえる方法があります。仲介する広告代理店があり、報酬は広告代理店を通して広告主(企業)から支払われます。

たとえば、ファンコミュニケーションズは、アフィリエイトマーケティングでは大手の広告代理店です。

解説 成功報酬を分配するインターネット広告

◆報酬の形態には4つのパターンがある

アフィリエイトマーケティングとは、広告を複数のウェブサイトに掲載し、広告の成功報酬を分配する形式のインターネットマーケティングです。商品をネット販売する広告主、仲介する広告代理店、そして広告を掲載してくれるアフィリエイト(ウェブサイトのオーナー)から構成されます。

アフィリエイトは、成功の度合いによって広告主から報酬を受け取ります。報酬の形態は大きく4つあります。

1つめが売上報酬です。この方式では、サイトを訪問した消費者が商品やサービスの購入など、何らかの行動を起こした場合、その行動一件あたりの報酬額が支払われます。そのときの報酬額をコスト・パー・アクイジション(CPA)といいます。

2つめが、コスト・パー・リード(CPL)です。消費者がサイトを読んだ回数に応じて報酬額が支払われる仕組みです。

３つめが、コスト・パー・クリック（ＣＰＣ）です。消費者がアフェリエイト広告が掲載されたバナー広告をクリックした回数に応じて報酬が支払われます。

４つめが、コスト・パー・ミル（ＣＰＭ）です。広告ページの閲覧数が1000回に達するたびに報酬が支払われます。

◆消費者が参加するビジネスモデル

ウェブサイトのオーナーであるアフィリエイトの大半は、個人の消費者です。アフィリエイトマーケティングは、顧客参画型のマーケティングです。

ブログやホームページの検索数が多いアフィリエイトは、報酬を得るチャンスが大きくなります。すでにお話ししましたが、アフィリエイトの広告代理店で有名なのが、「ファンコミュニケーションズ」です。2005年にジャスダック（JASDAQ）に株式上場しています。

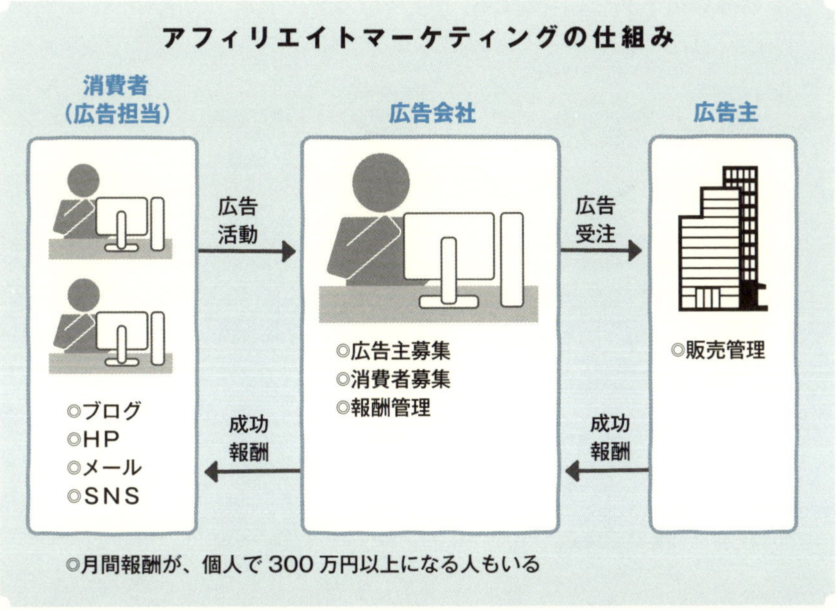

〈著者略歴〉

西村克己 ■にしむら　かつみ■

芝浦工業大学大学院客員教授、経営コンサルタント。
岡山市生まれ。東京工業大学「経営工学科」大学院修士課程修了。富士フイルム株式会社を経て、90年に日本総合研究所に移り、主任研究員として民間企業の経営コンサルティング、講演会、社員研修を多数手がける。03年より芝浦工業大学大学院「工学マネジメント研究科」教授、08年より現職。専門分野は、論理思考、戦略的思考、経営戦略、プロジェクトマネジメント、図解思考。
主な著書に、『仕事の速い人が使っている問題解決フレームワーク44』『決断の速い人が使っている戦略決定フレームワーク45』『図解「考える力」と「話す力」が驚くほど身につく本』『論理的な考え方が身につくコツ39』(学研パブリッシング)、『論理力1分間トレーニング』(ソフトバンククリエイティブ)、『戦略的な人の超速★仕事術』(中経出版)、『経営戦略のトリセツ』(日本実業出版社)、『世界一わかりやすいポーター博士の「競争戦略」の授業』(かんき出版)、『成功する人はみんな知っているスピード仕事術』(東洋経済新報社)などがある。
nisimura@h6.dion.ne.jp

「結果を出す人」がやっている
戦略思考トレーニング88

2012年 7月31日　第1刷発行

著　者　西村克己
発行人　脇谷典利
編集人　土屋俊介
編集長　倉上　実

発行所　株式会社　学研パブリッシング
〒141-8412
東京都品川区西五反田2-11-8

発売元　株式会社　学研マーケティング
〒141-8415
東京都品川区西五反田2-11-8

印　刷　中央精版印刷株式会社

装　丁　萩原弦一郎(デジカル)
DTP　アスラン編集スタジオ
編集協力　アスラン編集スタジオ
磯崎博史

〈各種お問い合わせ先〉
・編集内容については
TEL 03･6431･1473(編集部直通)
・在庫・不良品(落丁・乱丁)については
TEL 03･6431･1201(販売部直通)
・文書の場合
〒141-8418
東京都品川区西五反田2-11-8
学研お客様センター
『「結果を出す人」がやっている
戦略思考トレーニング88』係
・学研商品に関するお問い合わせ先
TEL 03･6431･1002(学研お客様センター)

©Katsumi Nishimura 2012 Printed in Japan
本書の無断転載、複製、複写(コピー)、翻訳を禁じます。
本書を代行業者等の第三者に依頼してスキャンやデジタル化することは、たとえ個人や家庭内の利用であっても、著作権法上、認められておりません。
複写(コピー)をご希望の場合は、下記までご連絡ください。
日本複製権センター　TEL 03･3401･2382
http://www.jrrc.or.jp　E-mail:jrrc_info@jrrc.or.jp
Ⓡ〈日本複製権センター委託出版物〉
学研の書籍・雑誌についての新刊情報、詳細情報は、
下記をご覧ください。
学研出版サイト　http://hon.gakken.jp/

学研パブリッシング　西村克己の本

ビジネスの地頭力がアップする！
最強思考ツールの
「仕組み」と「使い方」

序　章　フレームワークの準備知識
第❶章　頭を整理し、行動力を高めるフレームワーク
第❷章　分析力を高めるフレームワーク
第❸章　視点を変え、新たなビジネスを生み出すフレームワーク
第❹章　ビジネスの落とし穴を見つけるフレームワーク
第❺章　優先順位を決定するフレームワーク
第❻章　プレゼンに役立つフレームワーク
第❼章　日常で広く使えるフレームワーク

仕事の速い人が使っている
問題解決フレームワーク 44

定価 1500 円＋税　A５判・224 ページ
ISBN978-4-05-405114-0

- **フレームワークの使い方がわかる！**
- **トレーニング形式で身につく！**
- **迷わずに行動できる！**

トレーニング形式で身につく！
最強決断ツールの
「仕組み」と「使い方」

序　章　戦略決定フレームワークの使い方
第❶章　ライバルから一歩抜きん出る［競争戦略フレームワーク］
第❷章　閉塞した現状を打開する［決断フレームワーク］
第❸章　ランチェスターと孫子から学ぶ［判断フレームワーク］
第❹章　的外れの努力を防ぐ［視野拡大フレームワーク］
第❺章　問題点を見つけて即応する［問題発見フレームワーク］
第❻章　現状把握力と分析力を高める［分析フレームワーク］
第❼章　限られた時間とお金で成果を高める［効率化フレームワーク］

決断の速い人が使っている
戦略決定フレームワーク 45

定価 1500 円＋税　A５判・224 ページ
ISBN978-4-05-405255-0

- **フレームワークの仕組みを完全マスター！**
- **トレーニング形式で身につく！**
- **論理的に問題解決ができる！**

学研パブリッシング　西村克己の本

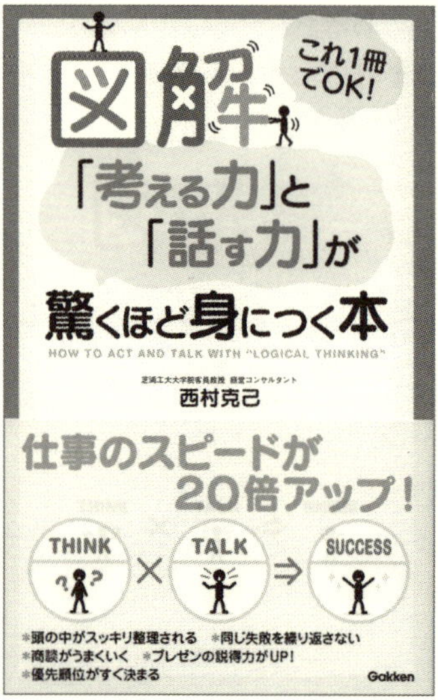

論理思考のエッセンスを図解でコーチ！

考える力がUP! 編
Part ❶ 頭の中を整理する！
Part ❷ 判断力をみがく！
Part ❸ 実行力を強化！
Part ❹ 発想力を高める！

話す力がUP! 編
Part ❶ 正しく伝わる話し方
Part ❷ 心をつかむ話し方
Part ❸ 説得できる話し方
Part ❹ ビジネスに効く話し方

図解「考える力」と「話す力」が驚くほど身につく本

定価 1000 円＋税　四六判変形・184 ページ
ISBN 978-4-05-404731-0

- 頭の中がスッキリ整理されて、判断力アップ!
- 思ったことがきちんと説明できる!
- 論理的な話し方が上達して、相手に信頼される!

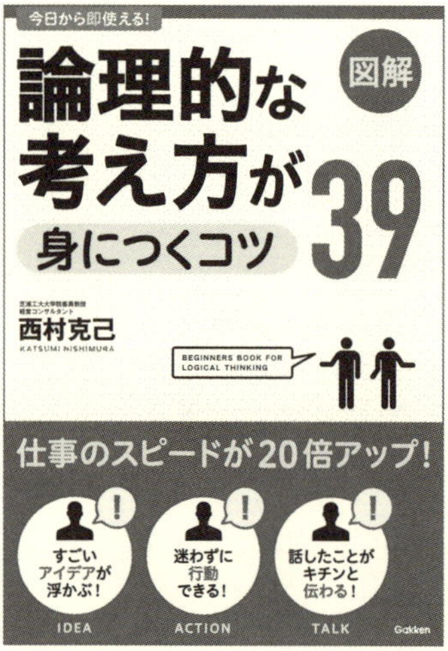

できる人は、みんなやっている！「論理思考」のコツを短時間でマスター

CHAPTER 1　論理思考って、何だろう？
CHAPTER 2　論理思考の基本テクニック
CHAPTER 3　論理思考で「情報整理力」を身につけよう
CHAPTER 4　論理思考で「考える力」を身につけよう
CHAPTER 5　論理思考で「話す力」を身につけよう
CHAPTER 6　論理思考で「発想力」を身につけよう

論理的な考え方が身につくコツ 39

定価 752 円＋税　B5 判・96 ページ
ISBN978-4-05-405293-2

- 頭の中の整理整頓ができる!
- 仕事のスピードがアップ!
- すごいアイデアがうかぶ!